우리 가족
마인드 클리닉

우리 가족
마인드 클리닉

오강섭 지음

✛ 목차

Part.3

유·아동 자녀를 위한 마인드 클리닉

✛ 목차

건강한 마음이
행복한 가정을 만든다

50대 여성인 김 씨는 10년이 넘도록 가정 스트레스로 불안과 불면의 나날을 보냈습니다. 불면이 지속되다 보니 우울해졌고 집에서 혼자 술을 마시는 날도 늘었습니다. 다른 이들에게 자신의 문제를 쉽사리 털어놓지 못하는 성격인 김 씨는 술의 힘을 빌려 견디는 수밖에 없었던 것이죠.

그렇게 집에서 혼자 술을 마시는 소위 '키친 드링커'가 된 것입니다. 그러다 용기를 내 정신건강의학과를 방문했습니다. 불안과 우울증을 치료하면서 기분이 호전되자 술은 점차 줄였습니다. 하지만 장기적인 음주로 이미 식도에 정맥류라는 병이 발병한 상태였고 끝내 식도정맥류 파열로 갑자기 사망하고 말았습니다.

해답은 가정에 있다

1인당 국민소득 3만 달러를 바라보고 있지만 위 사례와 같이 안타깝게도 적지 않은 이들이 불안, 우울, 중독 등 정신적 고통에 시달리고 있습니다. 아이들은 아이들대로 왕따, 입시 등으로 고통 받고, 청년들은 취업 압박으로, 중년들은 경제 및 외로움, 미래에 대한 불안으로, 노인들은 소외와 가난으로 고통 받고 있습니다.

그 결과 행복지수는 전 세계 최하위권을 밑돌고 있는 데 반해, 자살률은 최상위권을 기록하고 있습니다. 물론 이러한 상황은 이 시대 우리만의 문제는 아닐 것입니다. 그리고 이런 문제들은 우리가 극복해야 할 과제이기도 합니다.

임상에서는 각종 문제에 시달리는 환자들을 만나게 됩니다. 이 세상에 스트레스를 받지 않는 이가 어디 있겠습니까. 하지만 어떤 이는 곧 문제를 극복하고 일상을 회복하지만, 어떤 이들은 그 늪에서 영영 헤어나오지 못합니다. 몇 차례의 경제위기로 많은 사람들의 삶이 피폐해졌지만 누군가는 자살을 기도하고, 또 다른 이는 보란 듯이 이겨냅니다.

똑같은 시련에 맞닥뜨려도 이렇게 개인마다 정신적 내성이 다른 이유는 무엇일까요? 그 해답은 가정에 있다고 생각합니다. 건강한 부부 관계와 부모자식 및 형제간 관계는 개인의 정신을 건강하게 해주며 아울러 학교, 직장, 사회에 나가서도 건강한 대인관계를 형성하도록 도와줍니다. 누구나 사회생활에서 위기와 시련을 만나게 되지만 의연하게 헤쳐 나갈 수 있는 자존감과 합리적인 문제해결 능력은 건강한 가정에서 비롯되는 것입니다.

물론 여러 변수들이 있겠지만, 많은 환자를 만나면서 좋은 가정이 얼마나 중요한가를 깨닫곤 합니다. 어려운 여건 속에서도 다시 일어날 수 있는 힘의 원동력은 가정에 있기 때문입니다. 실제 한 국가의 자살률은 가정의 파괴와도 연관이 높다고 합니다. 20세기 이후 우리나라에 찾아온 몇 차례 경제위기 때마다 자살률이 급격히 높아졌는데 그 당시 같이 상승했던 것 중 하나가 이혼율입니다. 경제위기 속에서 가정마저 파괴된 상황은 개인의 삶에 심각한 상처를 주기 때문입니다.

임상에서 들려오는 환자나 가족들의 이야기는 가슴 아프고 괴로운 것들이었습니다. 분명 전보다 좋은 음식과 잠자리를 누리고 있는데도 불안하고 우울한 가족의 이야기는 외면할 수 없는 우리의 현실입니다. 그래서 건강한 가정과 가족 구성원을 위한 지침이 절실함을 느끼게 됐습니다. 이 책이 소중한 가정을 지키고 가족 구성원의 정신건강에 작은 불빛으로 도움이 되기를 간곡히 기원합니다.

정신건강의학과와 친숙해지기

하지만 가족 구성원 중 우울과 불안 등 정신적 고통을 겪고 있는 이가 있어도 그저 성격이나 환경 탓만 하며 대수롭지 않게 여기는 경우가 많습니다. 심지어 의처증·의부증이나 식이장애로 고통을 받고 있어도 자신에게는 전혀 문제가 없다고 생각합니다.

만약 가정이 건강하지 않다면 어떻게 해야 할까요? 배가 아프면 내과를 찾고, 눈이 아프면 안과를 찾듯이 가정에 정신적 문제가 있다고 판단되면 모든 가족 구성원들의 행복을 위해 정신건강의학과를 찾아야 합니다. 하지만 우리 사회는 정신건강에 대한 이해 부족과 정신건강의학과에 대한 선입견 때문에 정신건강의학과 방문을 꺼리는 경우가 많습니다. 그러다 치료시기를 놓쳐 보다 심각한 정신과적 질환으로 발전하거나 자살 시도로 생명을 위협받는 경우도 부지기수입니다.

사회공포증 경우, 발병 후 병원을 방문하기까지 약 10년이 걸린다는 보고가 있습니다. 진료가 늦어지는 원인은 개인마다 다르겠지만, 사회공포증의 경우 단순히 소심하거나 수줍음을 많이 타는 성격으로 여기는 경향이 있기 때문입니다. 병으로 인식해도 어디에서 치료를 받아야 하는지, 치료를 받으면 낫긴 하는 건지 의문을 가져 치료가 늦어지는 경우도 많습니다.

불안장애의 일종인 강박장애의 경우도 정작 본인은 큰 고통을 겪고 있는데 성격 탓으로 여기다 치료받기까지 평균 7.5년이 걸린다는 보고도 있습니다. 이런 불안장애들이 지속되는 경우 공황장애와 같은 다른 불안장애는 물론, 우울증, 양극성 장애, 알코올 중독, 약물중독과 같은 보다 심각한 질환으로 발전하고, 신체질환이 야기될 수도 있습니다.

물론 정신건강의학과를 찾는 것이 어려운 일일 수 있습니다. 그러나 신체적 문제를 내과나 외과에서 치료 받듯이 정신적 문제도 정신건강의학과에서 정확한 진료를 받고 만일 병이 발견되면 적절한 치료를 받아야 합니다. 그래서 정부에서도 최근 생애 주기별 건강 검진사업에 우울증 등 정신건강 분야도 포함시킬 준비를 하고 있습니다. 그만큼 개인의 정신건강이 중요하기 때문입니다.

가정 상비도서, 정신건강백과

본서는 건강한 가정을 위해 한국 가정의 현주소를 조명하는 한편, 부부, 유아동 자녀, 청소년 자녀, 노부모 등 가족 구성원별로 관심을 가져야 할 주요 정신질환의 증상, 원인, 가족들의 대처법, 치료법 등을 제시하고 있습니다.

따라서 본서는 결혼을 앞둔 가정, 아이가 태어날 가정, 유아동이나 청소년 자녀가 있는 가정, 부부간의 관계를 되짚어 보거나 더욱 관계를 개선하고자 하는 가정, 노부모가 있는 가정에서 한 번쯤 자신과 가족 구성원의 정신건강을 점검해볼 수 있는 내용들로 구성했습니다. 살면서 자신이나 배우자에게, 혹은 자녀나 부모에게 이상 증상이 감지될 때마다 이 책을 펼쳐보고 정신건강에 대한 이해를 높이고 해법을 찾을 수 있기를 바랍니다.

사실, 이 책의 모태는 KBS 제3라디오의 '출발 멋진 인생, 이지연입니다'에서 방송되고 있는 '오강섭 교수의 마음먹기 달렸더라'라는 정신건강 코너입니다. 2011년부터 매주 한 가지씩 정신건강에 관한 주제를 다루었더니 제법 많은 원고들이 쌓였습니다. 처음에는 주로 중장년 및 노년층의 정신건강 문제를 다루었는데, 이후 보다 다양한 연령의 가족 구성원 전체가 관심을 가질 만한 주제로 확대됐습니다.

물론 본서에는 방송된 내용 중 일부만 포함되었고, 새로 구성한 원고도 많이 있습니다. 그러나 각 주제들은 분명 우리 가정에서 누구에게나 일어날 수 있는, 그리고 누구라도 한 번쯤 관심을 가져야 할 내용들이라고 생각합니다.

글을 쓰고 방송을 하는 데 도움을 준 병원과 의국의 많은 분들, 그리고 방송을 진행하면서 많은 도움을 주신 이지연 아나운서, 권은정 작가, 박인규 PD에게 감사드립니다.

또한 한국의 정신의학을 진료실에서 나와 세상으로 향하게 인도해 주신 이시형 박사님께도 감사의 말씀을 전합니다. 그 외에도 많은 지도와 애정을 아끼지 않은 선생님들, 선배님들께 감사드립니다.

마지막으로 비판적 지지자의 역할을 마다하지 않는 아내와 늘 바쁘다는 핑계로 많은 시간 함께하지 못했지만 씩씩하고 건강하게 자라 준 두 딸에게 감사의 말을 전합니다.

2015년 가을
오강섭

이시형 박사
(사)세로토닌문화원 원장

정신건강의학과 외래는 세상을 보는 창입니다.

세상을 사는 사람들의 진짜 모습을 보고 느낄 수 있는 곳이 바로 정신건강의학과 진료소인 것입니다. 이 책은 정신건강의학과 진료 현장에서 오랜 기간 환자들을 치료하면서 저자가 직접 경험한 것들을 정리한 글들의 모음입니다.

자폐에 빠진 어린아이부터 학업, 외모 고민에 자살을 생각하는 청소년, 부부문제와 갱년기로 괴로워하는 중년들, 그리고 소외와 고독은 물론 치매로 고통 받는 노년층에 이르기까지 다양한 환자들을 보면서 그들을 어떻게 도울까 고민한 흔적의 산물인 것입니다.

정신의학은 20세기 말부터 비약적인 발전을 거듭하고 있습니다. 과거, 단순히 마음이 약해서 생긴 문제라 여겨졌던 많은 증상과 신호들이 이제는 뇌 과학의 눈부신 발전에 근거해 뇌의 문제로 증명됐습니다. 물론 아직 풀지 못한 숙제들이 많고 또 개발되어야 할 치료법들도 많이 있으며 이미 개발되었으나 더욱 검증이 필요한 부분들도 있습니다.

이 책은 현대 정신의학에서 가장 흔한 증상 및 질병들을 대상으로 그 원인에서 진단은 물론, 치료 및 예후에 이르기까지 일반 독자들이 이해하기 쉬운 용어로 정리한 일종의 가정 정신건강백과입니다.

가정에서 어린아이들이, 사춘기 청소년이, 자녀를 둔 부부가 그리고 노인들이 정신적인 문제로 고민할 때 바로 꺼내어 읽어 보고 해결책을 찾는 데 일조할 수 있는 일종의 가이드가 되어줄 책이란 뜻입니다. 그리고 부록에는 정신질환 환자를 둔 가족들을 위한 지침들을 수록해 정신적 문제로 고통 받고 있는 사람은 물론, 그 가족들에게도 안내서 역할을 하고 있습니다.

특히 최근 뇌 과학 지식을 기초로 생물정신의학적 치료법은 물론, 정신치료 중에서도 일반인들이 가장 쉽게 접근할 수 있는 치료법의 일종인 인지행동기법들을 많이 소개함으로써 누구나 쉽게 이해할 수 있도록 구성했습니다.

역학연구들은 현대 한국사회에서 전 국민의 4분의 1인 25% 정도가 한 가지 이상의 정신질환으로 고통 받을 것이라고 예측하고 있습니다. 세계보건기구(WHO)의 발표에 따르면 21세기 인류에게 가장 큰 고통과 재난을 주는 질병은 우울증이라고 합니다. 그만큼 현대사회에서 정신적 문제 및 질병은 더 이상 남의 집 문제가 아닌 것입니다.

이토록 정신건강이 위협받고 있는 현대사회에서, 이 책은 많은 정신적 고통의 문제가 가장 쉽게 발견되고 표현되는 가정에서 누구나 한 번쯤 읽고, 자신은 물론 가족 구성원들에게 도움을 줄 수 있는 일종의 지침서 역할을 할 수 있을 것이라 기대합니다.

위급시를 대비해 모든 가정에 가정상비약이 필요한 것처럼 모든 가정이 서고에 한 권씩 구비하고 있다가 필요할 때 바로 꺼내 보고 도움을 받을 수 있는 상비도서로 추천하는 바입니다.

이지연 아나운서
KBS 제3라디오 '출발 멋진 인생, 이지연입니다' 진행자

2015년 대한민국은 기쁨, 희망, 자신감이라는 단어보다 슬픔, 절망, 두려움이라는 단어가 사회를 지배하고 있는 듯합니다.

초, 중, 고등학교 학생들은 자신이 좋아하고 잘 할 수 있는 일을 위해서 미래를 설계하는 것이 아니라, 오로지 좋은 대학에 진학하려는 일념으로 국어, 영어, 수학에 자신을 소진시키면서 공부에 떠밀려 힘들어하고 있습니다.

대학생들은 물가상승률보다 빠른 속도로 상승하는 학비와의 싸움으로 깊이 있는 학문연구에 매진하기보다 아르바이트를 전전해야 하는 실정입니다. 게다가 어렵게 대학을 졸업하더라도 절반이 백수 신세로 전락하는 현실에 괴로워하고 있습니다.

직장인들은 1970년대 이후로 대한민국의 경제적인 번영을 가져왔던 철강, 건설, 조선, 화학, 전기전자 등의 중후장대(重厚長大) 산업이 중국과의 경쟁에서 밀리면서 언제 실직할지 모른다는 두려움 속에 살고 있습니다.

노인들은 한국전쟁이라는 참혹한 현실 속에서 최선을 다해 대한민국을 세계 10위권의 경제 대국으로 성장시켰지만, 정작 자신들의 노후를 위해 준비한 것은 너무나도 부족했기에 경제적인 어려움과 소외감 등으로 절망을 이기지 못해 자살하는 비율이 OECD 국가 중에서 1위를 기록하고 있습니다.

이런 여러 가지 상황 속에서 인간성이 붕괴되면서 가정의 기틀도 무너지고 그로 인해 더욱 많은 사회문제들이 발생했습니다. 힘들고 어려울 때 함께 지혜를 모아 위기를 헤쳐 나갈 수 있는 소중한 가족이 있었다면 우리 사회가 지금보다는 훨씬 밝은 세상이 되지 않았을까 생각해 봅니다.

늘 환자의 입장에서 그 아픔을 직시하며 따사로운 손길을 건네는 의술을 펼쳐 오신 오강섭 교수는 "우리는 대한민국을 지배하고 있는 슬픔, 절망, 두려움의 단어를 이겨낼 수 있다"고 말씀하고 있습니다. 바로 가정을 통해서 말입니다.

　이 책을 통해 그동안 KBS3 라디오 등에서 가족 구성원의 정신건강에 대해 방송했던 내용들이 체계적으로 정리되었기에 핵가족 시대의 건강한 가정과 사회를 만드는 데 크게 도움이 되리라 믿습니다.

　'가정을 위한 정신건강 지침서'가 될 오강섭 교수의 책을 통해 대한민국 모든 가정들이 현재의 아픔을 이겨내고, 슬픔, 절망, 두려움이 아니라 기쁨, 희망, 자신감으로 충만해지는 놀라운 변화가 일어나기를 기대해봅니다.

Part. 1

건강한 가정은
가장 좋은
정신치료소

행복한 가정을 위해서는 가족 구성원 모두 노력해야 한다.
그래야 행복한 가풍을 자연스럽게 다음 세대에 물려줄 수 있다.
또한 사회나 직장에서도 우리 가장들이 가정으로 돌아갈 수 있는
프로그램이 필요하다. 보다 행복한 사회를 위해
가정의 행복도 존중해주는 사회적 풍토가 조성되길 기대해본다.

01

당신의 가족 만족도는
몇 점입니까?

TV 드라마에는 언제나 웃음꽃이 활짝 피는 단란한 가족들이 등장한다. 하지만 실제 우리의 가족 모습은 어떠할까? 꼭두새벽에 집을 나선 아버지는 밤늦게 파김치가 돼 퇴근하고 이내 곯아떨어진다. 아이들은 학교가 파한 뒤 학원을 전전하다 귀가 후에는 자기 방에 틀어박혀 나올 생각을 않는다. 어머니 또한 일을 하거나 텅 빈 집에서 가족들을 기다리다 혼자 찬밥을 처리하기 일쑤다. 이렇게 가족들이 한 자리에서 식사를 하는 것조차 쉬운 일이 아니니, 속 깊은 대화를 나눌 시간은 꿈도 꾸기 어려운 게 현재 우리 가정의 모습이다.

지난 2014년 매일경제신문사와 한국리서치가 공동으로 실시한 '도시 기혼남녀의 부부 및 자녀에 대한 만족도' 조사는 우리 가정을 냉정하게 돌아볼 수 있는 좋은 계기를 제공했다.

남편과 아내는 동상이몽

조사 결과를 살펴보면 아내에게 만족한다는 남편의 비율은 83%인 반면, 남편에게 만족한다는 아내의 비율은 73%로 나타났다. 각종 언론 매체에 위기 가정의 문제가 부각되는 것에 비해 서로에 대한 만족도가 높게 나온 점은 다행스러운 부분이다.

하지만 남편과 아내의 만족도는 무려 10% 포인트나 차이가 났다. 특히 '아주아주 만족'과 '상당히 만족'한다는 비율은 남편이 40%로 아내 22%보다 2배 정도 높았다. 이렇게 아내보다 남편의 만족도가 높은 이유는 남성 중심적인 우리 사회의 특성상 여전히 가부장적 가정이 많기 때문인 것으로 풀이된다. 요즘 젊은 남편들은 과거에 비해 평등한 부부 관계를 지향하고 있지만 여전히 아내들이 참고 희생하는 부분이 많은 것이다.

아내들이 불만족하는 이유를 살펴보면 '서로 생각이 달라서'라고 답한 경우가 45%로 가장 많았고, '남편이 너무 자기중심적이어서(42%)', '남편의 소득이 적어서(33%)'의 순이었다. 남편들이 아내에게 불만족하는 이유 또한 '서로 생각이 달라서'가 42%로 가장 높았고, '아내가 자기중심적이어서'가 30%로 두 번째로 많았는데, 아내의 답변 비율에 비하면 크게 낮다는 점에서 다시 한 번 남편 중심적인 가정의 문제점을 지적할 수 있다.

보고서에 따르면, 부부가 서로에게 무언가 주고받았다고 느끼는 비율도 차이가 있는 것으로 나타났다. 남편의 경우 80%는 경제적인 면이나 인간적인 면(성실, 신뢰성, 진실성 등)에서 아내로부터 충분히 받았다고 느낀 반면, 아내들은 73%만이 남편으로부터 충분히 받았다고 느낀다고 답했다. 동시에 남편들이 아내에게 충분히 주었다고 느낀 비율은 68% 인 반면, 아내들이 남편에게 충분히 주었다고 느낀 비율은 78%로 나타났다. 결국 남편 중심적인 가정에서 아내들은 남편에게 더 많이 주고, 덜 받고 있다고 느끼기 때문에 만족감이 떨어질 수밖에 없는 것이다.

자녀 및 부모에 대한 만족도는?

자녀들의 부모에 대한 만족도도 눈여겨볼 부분이다. 아버지에게 만족한다는 비율은 69%인 반면, 어머니에게 만족한다는 비율은 84%로 어머니에게 만족한다는 응답이 월등히 높았다. 특히 내 삶의 모범으로써 어머니에게 만족한다는 비율이 73%인데, 아버지에게 만족한다는 비율은 56%에 불과했다. 즉, 아버지보다 어머니를 모델링하는 경우가 많은 것을 알 수 있다. 요즘 젊은 아빠들은 프렌디 대디가 되기 위해 애를 쓰고 있지만 자녀들을 만족시키기에는 아직 역부족인 듯하다.

의견이나 감정을 존중해주는 정도에서 어머니와 아버지에 대한 만족도는 각각 82%와 60%로 큰 차이가 났다. 문제 발생 시 적극적으로 도와주려는 부모의 태도 역시 어머니와 아버지의 비율이 86%와 69% 로, 어머니에게 만족하는 비율이 훨씬 높았다.

대화 대상으로서의 부모에 대한 만족도도 예상대로 어머니가 월등히 높았다. 과거 우리 아버지들은 과묵을 미덕으로 삼았는데, 조사에 의하면 요즘 아버지들도 크게 달라지지 않은 것 같다. 아니면 직장에 매여 가정에 할애할 시간이 없기 때문이기도 할 것이다. 많은 아버지들이 자녀가 자라는 것을 제대로 보지 못한 채 일터로만 몰리는 것은 안타까운 현실이다.

가족 만족도는 개인 행복과 직결

위 조사는 우리 가족의 현 주소를 보여주는 흥미로운 결과다. 특히 중년의 가장들은 아내나 자녀들에게 높은 점수를 받지 못하고 있다는 점에서 위기의식을 느껴야 할 것이다. 자녀 중에서는 아들의 만족도가 낮은 것을 보면 우리 가정에서는 남성들이 좀 달라져야 할 것 같다. 부모나 자식 모두 서로에게 의견존중이나 대화를 바라는 것으로 나타났으므로 따뜻한 말 한 마디를 건네는 연습부터 시작하도록 하자.

이번 조사에서 특히 주목할 점은 배우자나 부모 및 자녀에 대한 만족도가 개인의 행복과 밀접한 관계가 있다는 점이다. 현재 배우자에게 만족한다고 답한 응답자 중 90%가 현재 행복하다고 답한 반면, 현재 배우자에게 만족하지 않는다고 답한 응답자 중 행복하다고 답한 비율은 25%에 그쳐 배우자에 대한 만족도가 자신의 행복에 지대한 영향을 미치는 것으로 조사됐다.

자녀들이 느끼는 행복감 역시 부모에 대한 만족도와 관련이 높았다.

설문에 응답한 600명 중 78%가 '나는 행복하다'고 답하였는데 양친 부모 모두에게 만족한다고 답한 자녀들 중 92%가 자신이 행복하다고 답한 반면, 양친 모두에게 불만족스럽다고 답한 사람들 중 자신이 행복하다고 느끼는 사람은 불과 33%였다고 한다. 그만큼 청소년 및 청년기의 만족도는 부모에 대한 만족도와 밀접한 연관이 있는 것이다.

종합해보면, 개인의 행복은 결국 가족에 대한 만족도와 깊은 관련이 있는 것을 알 수 있다. 따라서 우리 사회에 행복한 사람들이 넘쳐나기 위해서는 우선 가정이 행복해야 한다. 영국을 대표하는 시인이자, 장애를 가진 아내와 영문학사상 가장 로맨틱한 부부로 꼽히는 로버트 브라우닝은 '행복한 가정은 미리 누리는 천국'이라고 말하며 행복한 가정을 천국에 비유했다.

행복한 가정을 위해서는 가족 구성원 모두 노력해야 하며, 그래야 행복한 가풍을 자연스럽게 다음 세대에 물려줄 수 있다. 또한 사회나 직장에서도 우리 가장들이 눈치 보지 않고 가정으로 돌아갈 수 있는 프로그램을 마련해주면 좋을 것 같다. 우리 병원도 수요일은 '가정의 날'로 정해 운영 중인데, 위기의 중년 가장들이 아무리 가정에 충실하려 해도 치열한 경쟁사회 속에서는 나 홀로 가정으로 돌아가기가 쉬운 일이 아니다. 보다 행복한 사회를 위해 가정의 행복도 존중해주는 사회적 풍토가 조성되길 기대해본다.

건강한 가정을 위한 대화법

'사원 김하영은 상냥하지만 딸 김하영은 "아, 몰라도 돼"… 부장 김기준은 자상하지만 남편 김기준은 "빨리와!" 밖에서 보여주는 좋은 모습, 집안에서도 보여주세요.'

몇 해 전, 밖에서는 친절하고 쾌활하지만 집에서는 신경질적이고 무뚝뚝한 가족의 모습을 대비시켜 보여준 공익광고가 있었다. 이 광고를 보며 많은 이들이 자신의 모습을 보는 듯 뜨끔했을 것이다. 가족은 세상에서 가장 편한 존재이기에 자신을 옥죄고 있던 사회적 가면을 맘 편히 벗을 수 있다. 그러나 그 결과 아이러니하게도 남보다 더 함부로 대하게 된다.

많은 가족들이 서로에게 상처가 되는 말을 아무렇지 않게 던진다. 가족이라는 이유로 여과 없이 던진 말들이 상대의 마음에 비수처럼 꽂혀 상처를 준다. 하지만 가족도 나와 똑같이 감정을 가진 독립된 인격이라는 점을 잊어선 안 된다. 또한 이 세상에서 가장 소중한 존재인 만큼 더욱 존중해야 할 대상이다.

건강한 가족, 행복한 가정을 원한다면 가족 간에도 건강한 대화법이 필요하다.

공감의 대화

공감은 상대의 입장에 서서 같은 감정을 느껴보는 것이다. 공감은 모든 대인관계의 기초이므로, 대인관계에서 가장 기본인 가족 간에도 필요한 것이다.

아이가 화가 나 있으면 '저 아이는 왜 저렇게 화만 낼까?'라고 생각하는 대신, '무언가 화가 날 일이 있나 보구나. 그러니 그 이유를 들어줘야겠다'라고 생각하며 아이의 마음에 귀를 기울여야 한다. 아이가 화가 난 데에는 분명 이유가 있을 것이다. 그런 아이에게 공감적 태도를 보이면 건설적인 대화를 진행할 수 있다.

지지적인 대화

가족은 우리가 가장 중요하게 생각하는 대인관계의 모체다. 이런 관계에서는 서로를 지지하는 대화가 진행돼야 한다. 같은 가족끼리 서로 헐뜯고 비난하면 이는 남보다 못한 관계가 될 것이다. 따라서 서로 같은 말을 하더라도 보다 지지적인 즉, 편이 돼 주는 말을 해야 한다. 지지적인 대화는 친절하고 따뜻하며 상대를 배려하는 대화다.

밖에서는 호인 소리를 들으면서 가족에게는 막말을 하는 경우가 많다. 이런 이들에게는 '밖에서 하는 것 반만 해도'라는 말이 절로 나온다. 하지만 당사자들은 오히려 '가족인데 다 이해해줘야 하는 것 아니냐'고 반박한다. 즉, 가족은 그 어떤 말도 다 포용해줘야 한다는 것이다. 그러나 가까운 가족일수록 더 지지하는 관계가 돼야 한다. 가족이 무슨 일이든 이해해주는 관계인 것은 서로 지지적인 관계이기 때문이므로, 당연히 지지적인 대화를 해야 한다.

신뢰가 바탕이 된 대화

무슨 말을 하더라도 가족은 나를 사랑하고, 항상 내 편이라는 신뢰가 바탕이 돼야 한다. 물론 이는 안정된 애착관계에서 기인하는 것이다. 영아기 때 부모와 안정적인 애착을 이루면 세상을 신뢰하고, 모든 인간관계에서도 신뢰를 바탕으로 관계를 형성할 수 있듯이, 가족 간의 대화에서는 항상 신뢰가 기본이 돼야 한다. 많은 사람들이 세상에 믿을 사람이 없다고 비판한다. 그런 험난한 세상에서 가족의 말도 믿지 못한다면 어떻게 살아갈 수 있겠는가. 가족과의 대화에서는 비록 상대가 거짓말을 해도 상대를 믿어야 한다. 실제 거짓말을 하고 있다면 그 또한 이유가 있을 것이고, 이는 가족을 위한 선의의 거짓말일 수 있다.

존중하는 대화

가족인데, 혹은 아직 아이인데 뭘 그리 존중해줘야 할까 생각하기 쉽다. 그러나 가까운 가족일수록 존중하는 자세가 대화의 기본이다. 특히 자녀의 말을 존중해주는 습관을 보이면 아이는 자신이 존중받고 있다고 느끼며, 긍정적인 자존감을 형성할 수 있다.

이는 부부 사이에도 마찬가지다. 아내가 자신을 존중해준다고 느끼는 남편은 아내의 사랑을 의심하지 않고, 밖에서도 존중받는 사람이 되기 위해 노력한다. 존중받는다고 느끼는 남편이 아내나 아이들에게 함부로 하지는 않을 것이다. 아내나 아이도 마찬가지다. 서로를 존중하는 대화는 가족 구성원 전체의 자존감을 높여준다.

동반자로서의 대화

배우자는 평생의 동반자라 불린다. 부모와 자식 간의 관계도 마찬가지다. 따라서 평생의 동반자, 동지라는 관점에서 대화를 해야 한다. 함부로 비난하지 말고 문제가 있다면 같이 해결하려는 자세로 대화를 하면 가족 간의 대화는 항상 생산적이고 유쾌할 것이다.

위와 같은 건강한 대화법은 의사, 특히 정신건강의학과 의사들이 환자를 대할 때에도 기본이 되는 것들이다. 많은 사람들이 정신치료(면담을 통해 치료적 효과를 얻는 치료법)는 아주 특별한 것이라고 생각한다. 하지만 정신치료는 사실 가장 중요한 사람과의 대화에서도 자주 일어나는 현상이다. 내가 믿고 의지하는 사람과의 좋은 대화는 그 자체가 치료적 효과를 가져올 수 있기 때문이다. 그런 의미에서 가족, 특히 배우자는 서로에게 정신치료자가 돼야 한다고 생각한다.

가족들이 서로의 치료자가 되겠다는 마음으로 위와 같이 대화하면 가족 구성원들의 정신은 더욱 건강해질 것이다. 미국의 유명한 임상심리학자인 토니 험프리스 박사는 건강한 가족을 만들려면 가족 구성원들의 심리적 불안을 치료해야 할 뿐 아니라, 건강하고 열린 의사소통 패턴을 확립해야 한다고 주장했다. 건강한 가정을 위한 대화법을 실천하면 자신의 건강을 유지하는 데도 많은 도움이 될 것이다.

02

가정의 건강,
마음부터 챙기자

새해 첫날이 되면 많은 이들이 한파와 인파를 뚫고 동해로 향한다. 떠오르는 첫 해를 벅찬 가슴으로 바라보며 이들이 가장 많이 비는 소원은 가족의 건강. 이때 가족의 건강에 신체의 건강뿐 아니라 정신의 건강도 포함되길 바란다.

가족 구성원들의 건강과 별개로 가정의 건강 상태도 중요하다. 가정이 건강하지 않으면 가족 구성원도 건강할 수 없기 때문이다. 하지만 개인의 건강만큼 가정의 건강을 챙기는지는 의문이다. 아니 가정의 건강에 의심을 품어보는 것조차 우리에게는 생소한 일이다. 그러나 우리 사회에는 아래의 유형처럼 정신적으로 고통을 받고 있는 병든 가정이 많다.

우리 사회의 병든 가정의 유형

| 의존도가 높은 가정

가족이 서로에게 의존하는 것은 매우 자연스런 현상이다. 아이가 부모에게 의지하거나 아우가 형에게 의지하는 것은 어찌 보면 당연한 일다.

그러나 이것이 지나쳐서 개인의 독립성을 해쳐서는 안 된다. '마마 보이'나 '파파 걸'의 부모는 대학교까지 찾아가 자녀의 수강신청을 대신 해주고 학교도 차로 데려다 준다고 하니, 이들이 제대로 된 성인으로 성장할 수 있겠는가. 이렇게 자라면 성인이 돼도 자신의 일을 스스로 결정하거나 책임지지 못할 것이다.

토니 험프리스 박사에 따르면 가족의 기능은 각각의 구성원들이 정서적으로 독립하도록 이끌어주고 자신의 두 다리로 설 수 있도록 돕는 것이라고 한다.

반대로 부모가 과도하게 자녀에게 의존하거나 자녀를 통해 보상을 받으려는 경우도 있다. 가족이니까 이 정도는 바랄 수 있는 것이라는 생각은 독립적인 개인으로서의 성장을 방해할 뿐 아니라, 상대에게 희생을 강요하며 과도한 정신적 부담을 안겨주는 것이다.

| 가족 구성원을 지배하려는 가정

우리 주변에서는 공격적으로 남을 지배하며 관계를 맺으려는 사람을 종종 볼 수 있다. 아마도 우리 사회의 적지 않은 가부장적 가장들이 이러한 유형일 것이다. 이들은 가족들이 자신을 위해 존재하고 자신의 방식에 무조건 따라야 한다고 믿는다. 자신이 곧 법인 것이다. 심한 경우, 자신의 말을 잘 들으면 가족으로 인정하고, 그렇지 않으면 가족으로 인정하지 않는 경우도 있다.

이들의 심리를 파고들면 기저에는 불안감이 커 다른 가족을 지배해야만 그들과 같이 지낼 수 있을 것이라는 그릇된 심리가 자리 잡고 있다. 겉으로는 자신감이 넘쳐 보이지만 속으로는 가족이 떠날 것을 두려워하는 불안감이 있는 것이다. 그 결과, 나머지 가족들은 개성과 자유를 희생당하게 된다.

▎ 헌신을 미덕으로 아는 가정

자식을 위해 모든 것을 다해주려는 헌신적인 부모는 우리나라에서 흔히 볼 수 있다. 특히 우리의 전통적인 어머니상이 그렇다. 우리의 어머니들은 가족의 뒤치다꺼리를 기꺼이 도맡아 한다. 그것도 아주 즐겁게 말이다. 그렇게 되면 남편과 아이들은 부인이나 어머니의 희생을 당연한 것으로 여기고, 자기 밖에 모르는 자기중심적인 유아적인 어른으로 성장하기 쉽다.

또 다른 문제는 가족을 위해 희생했던 가족 구성원도 언젠가는 자신의 정체성에 의문을 품기 시작한다는 것이다. '나는 누구인가?', '왜 이렇게 고생하며 살아야 하는가?', '이렇게 사는 것이 행복한가?' 등 의구심을 갖게 되면 중년 이후 빈 둥지 증후군과 같은 우울을 경험하기 쉽다.

가족들끼리만 똘똘 뭉쳐 다른 이들과 교류가 없는 폐쇄적인 가정이 있다. 핵가족이 주류가 되면서 모든 일이 많지도 않은 가족 구성원을 중심으로 돌아가고 있다. 그래서 업무가 끝나면 서둘러 귀가하기 바쁘다. 그렇지 않으면 불성실한 가족 구성원으로 보이기도 한다. 그러나 너무 가족과만 어울리면 그 가족은 사회성에서 문제가 발생하기 쉽다. 부모가 자신들의 친구를 집에 초대하지 않는 가정의 아이들에게서 사회불안장애가 흔하다는 흥미로운 보고도 있다. 지나치게 가정중심적인 가정은 타집단을 배척하는 가족 이기주의로 흐를 수 있다. 가족 구성원들은 당연히 가정에 충실해야 하지만, 각자의 사회적 관계와 균형을 맞춰야 한다.

가정의 건강, 어떻게 지킬 것인가

그렇다면 정신적으로 건강한 가정을 이루기 위해 어떻게 노력해야 할까.

┃ 공감으로 신뢰를 쌓는다

인간관계에서 가장 중요한 신뢰를 이루려면 공감이 바탕이 돼야 한다. 배우자가 왜 그런 말을 하는지, 아이가 왜 그런 행동을 하는지 이해하기 위해서는 공감이 필요하다. 요즘 학교, 직장, 정치 등 사회 전반적으로 공감 능력을 중시하는 것도 인간관계에서 가장 중요한 덕목이기 때문이다.

공감은 가정에서 시작된다. 정확히 말하면 부모와의 관계에서 싹트는 것이다. 부모와 신뢰관계를 형성한 아이는 커서 친구와 선생님, 배우자와도 탄탄한 신뢰관계를 쌓을 수 있다. 건강한 가정의 구성원들은 서로를 믿는다. 이 세상에서 가장 중요한 인간관계인 가족을 믿을 수 있어야 한다. 가족을 못 믿으면 타인을 믿기 어렵다. 그런 의미에서라도 가족 간의 공감과 신뢰는 건강한 가정을 위해 필수 요소다.

▋ 서로에게 모범을 보인다

동서고금의 많은 지성들은 가정교육의 중요성을 강조했다. 가정은 인간교육의 첫 번째 장소이기 때문이다. 아이들은 부모나 형제를 따라하며 많은 것을 배운다. 심리학에서는 이를 '모델링(modeling)'이라 한다. 그리고 가정에서 배우는 것은 개인의 일생에 매우 중요한 영향을 미친다. 요즘처럼 학교가 입시교육에만 치중하는 상황에서는 더욱 그렇다. 따라서 가족 구성원들의 관계는 서로가 서로에게 모범을 보이는 관계이어야 한다. 부모는 자녀에게, 형은 동생에게 모범을 보여주는 것이 건강한 가정의 기초다.

▋ 다른 가족 구성원의 가치관과 고유성을 인정한다

세상에는 다양한 가치관이 존재하는데, 한 가족이라도 서로 다른 가치관을 가질 수 있다. 가치관의 차이 때문에 많은 갈등이 유발되지만 건강한 가정은 다른 가치관을 인정하고 공유할 수 있어야 한다.

살다 보면 가치관의 차이로 타인과 갈등을 겪게 된다. 서로 다른 가치관을 조정하고 타협하는 방법도 가정에서 훈련돼야 한다. 특히 어린 아이들은 자기주장을 굽히지 않는다. 평소 의견충돌 시 부모나 형제가 토론하고 절충하며 서로 화합하는 모습을 보여주면 자연스럽게 이를 배우게 된다. 그 결과, 학교나 사회에서도 타인과 합의하고 조정할 줄 아는 성숙한 인격으로 자라게 된다.

▎ 가족 구성원은 독립적이면서 동시에 하나이어야 한다

가정은 물론 하나이지만 그 안에는 나이도 다르고 성별도 다른 사람들이 여럿 존재한다. 따라서 서로를 각각 독립된 인격을 갖춘 인격체로 인정해야 한다. 하지만 가정이라는 가장 기초적인 집단의 구성원이라는 것도 잊지 말아야 한다. 즉, 독립과 협조가 공존하는 관계가 건강한 가정이다.

▎ 가족 구성원 각각의 꿈과 이상을 실현하도록 돕는다

가족 구성원들은 각기 자신만의 꿈과 희망을 갖고 있다. 때로는 서로의 이상이 상충하기도 한다. 그러나 건강한 가정은 각각의 꿈과 이상을 인정하고, 이들이 실현될 수 있도록 같이 노력하는 관계다.

03

가정의 행복 파괴범,
가정폭력의 정신적 영향

50대 주부 이 씨는 남편의 폭력을 견디다 못해 수차례 도망치듯 집을 나온 이력이 있다. 전문직에 종사하는 남편은 결혼 초에는 별다른 문제를 보이지 않았다. 그러나 날이 갈수록 사소한 일에 화를 내는 빈도가 늘고, 가구를 부수거나 급기야는 이 씨와 자녀에게 폭언과 폭력을 행사했다. 여러 차례 가출을 시도했지만 그때마다 다시는 안 그러겠다며 용서를 비는 바람에 집으로 돌아가기를 반복했다. 결국 주위의 권고로 병원을 찾은 남편은 양극성 장애를 진단받았다.

가정은 각박한 세상에서 위안을 주는 마음의 안식처 역할을 한다. 하지만 어떤 이에게는 가정이 세상에서 가장 무섭고 끔찍한 곳이 되기도 한다. 우리 사회에는 가정을 가장 사적인 공간으로 여겨 폭력이 발생해도 이를 방조하는 풍토가 있다. 이렇게 가정폭력이 묵인 또는 조장되는 문화에서는 금지, 억제되는 사회나 문화보다 가정폭력이 더 많이 발생한다고 한다. 폭력을 묵인하거나 조장하는 문화가 가정을 폭력의 사각지대로 내모는 것이다.

유하 감독의 '말죽거리 잔혹사'라는 영화는 학교와 가정을 비롯해 1970년대 우리 사회에 폭력이 얼마나 속속들이 만연돼 있는가를 잘 보여준다. 그리고 그로 인해 개인의 삶이 얼마나 피폐해지는가를 그리고 있다.

일단 가족 내에서 공격행동이 나타나면 그것이 강화작용을 일으켜 후속적인 공격이 더 쉽게 일어날 수 있다. 공격을 통해 우월감이나 쾌감 등을 경험하면 일종의 조건화 또는 습관이 형성되는 것이다. 이 경우 공격자와 피해자 사이의 조건화로 폭력이 발생하고, 그 결과 피해자는 심각한 정신적 피해를 입게 된다.

가정폭력의 사회심리적 관점

가정폭력은 왜 발생하는 것일까? 사회심리학에서는 가정폭력의 원인을 다음과 같이 설명한다.

사회학습이론

개인의 공격 성향은 양육 과정과 사회화 과정을 통해 형성된다. 타인의 폭력행동을 관찰하면서 이를 모방할 뿐 아니라, 폭력 행동에 대해 양심의 가책이나 죄책감을 느끼지 않게 된다. 따라서 어린 시절, 학대받는 어머니의 모습을 보고 자란 후 성인이 되면 어머니와 동질감을 느껴 피해의식을 갖거나 폭력 행사자인 아버지에게 학대를 전수받을 수 있다.

▌ 좌절-공격이론

목표가 좌절되었을 때 그 좌절을 유발한 대상을 공격하거나 그보다 약한 대상을 공격하는 경향. 개인의 사회적 노력이 좌절되었을 때 예를 들어 실직이나 부부갈등이 심한 경우, 자신보다 약한 대상에게 분풀이를 하기 위해 가정폭력이 발생하기도 한다. 외국의 연구를 보면 남편을 구타하는 부인들의 경우, 실제 자신보다 남편의 체격이 더 작고 힘이 약한 경우가 대다수라고 한다.

▌ 스트레스 이론

일상생활 속에서 스트레스가 축적됐을 때 스트레스를 완화시킬 일종의 대응책으로 폭력 행동이 나타난다는 것. 실제 재정적인 문제, 실직, 질투심, 원치 않은 임신, 자녀문제, 상대적인 지위의 차이 등이 가정 내 폭행을 유발하는 스트레스 요인이 될 수 있다.

▌ 자원이론

이는 다른 자원이 부족한 경우 자신을 충족시키기 위한 자원으로 폭력을 행사한다는 것. 사회적 지위가 낮다고 인식한 남편이 가족의 형평을 회복시키고자, 부인을 복종시키기 위해 폭력을 행사하는 경우. 1990년대 미국 내 한국 가정에서 가정폭력을 행사한 남편들을 조사한 결과, 한국에서 버젓한 직장에 다니다가 이민 후 자신의 사회적 지위가 상대적으로 낮아졌다고 느낀 사람들이 많았다고 한다.

▎성역할 이론

이는 남성은 공격적이고 여성은 복종해야 한다는 논리가 아동기 때부터 학습돼 가정폭력이 나타날 수 있다는 것이다. 아동학대나 아내 구타와 같은 가정폭력은 가해자인 남성의 태도 및 신념과 관련이 있을 수 있다. 즉, 이들은 자녀와 아내를 하나의 독립된 인격체로 보지 않고 자신의 소유물이나 종속적인 존재로 인식한다. 특히 아내 구타의 경우 여성에 대한 남성의 잘못된 사회적 고정관념과 관련이 있다.

난폭행동과 정신적 문제의 관계

반복적인 폭력 행동 때문에 스스로 치료를 받으러 오는 경우도 있다. 최근 한 60대 남자 환자가 반복적으로 딸을 구타해 병원을 찾아왔다. 다행히 스스로 문제를 자각한 것이다. 질병과 경제적 문제로 스트레스가 쌓이면서 자신도 모르게 짜증이 늘었다는 그는 결혼도 안하고 놀고 있는 딸이 못마땅해 손찌검까지 하게 되었다고 고백했다. 이 사례는 기분장애(양극성 장애) 환자가 폭력 행동을 보인 것이었다.

그 외에도 많은 정신적 문제들이 폭력 행동과 연관이 있다. 대표적인 것은 과거 정신분열병이라 불린 조현병이다. 조현병 환자들은 망상 때문에 난폭한 행동을 하는 경우가 많다. 즉, 자신이 남들로부터 피해를 받고 있다고 믿기에 피해를 준다고 믿는 대상에게 피해를 입지 않기 위해 먼저 공격을 하는 것이다. 이 경우 영문도 모르고 공격을 당한 상대는 당황하지 않을 수 없다.

그 외에도 반사회성 인격장애나 경계성 인격장애 환자들도 폭력을 행사하는 경우가 많다. 반사회성 인격장애 환자들은 남의 권리를 무시하려는 경향이 강하고, 자신의 이득만 생각하기 때문에 피해의식을 갖기 쉽다. 또한 자신의 요구가 관철되지 않으면 타인을 위협하거나 공격하는 경우가 많다.

경계성 인격장애 환자들은 만성적인 공허감 때문에 자신을 다치게 하는 자살 행동이 많은데 때로 인간관계에서 자신이 바라던 관계가 이뤄지지 않았다고 느끼면 극도의 분노감으로 상대를 공격하는 경우도 있다.

치매와 같은 인지기능 저하 환자들도 폭력적인 행동을 보이기 쉽고 머리를 다친 기질적인 뇌기능 장애 환자들도 폭력적인 행동을 자주 보인다. 알코올이나 환각제를 남용하는 환자들도 폭력을 자주 행사한다.

일부 연구에서는 지능 저하가 난폭 행동과 관련이 있다고 한다. 최근에는 신경전달물질인 세로토닌의 분비 저하와 관련성이 있다는 연구도 있다. 뇌의 단일 광자 단층촬영 즉, 스펙트(SEPCT)라는 일종의 뇌기능을 연구하는 기계로 폭력적인 사람들의 뇌기능을 연구한 결과, 전전두엽의 활동 감소, 전방대상회의 활동 증가, 좌측 측두엽의 활동 변화 그리고 좌측 기저핵의 활동 증가, 일부 좌측 변연계의 활동 증가 등이 발견됐다.

먼저 전전두엽의 활동 감소는 집중력과 충동조절의 문제를 일으킬 수 있다. 특히 전전두엽은 집중, 충동조절, 의사결정 능력을 담당하는 기관이므로 전전두엽의 활동 저하는 상황을 오판해 충동적으로 행동하게 할 수 있다.

전방대상회의 활동 증가는 부정적인 생각이나 행동에 사로잡혀 대안을 고려할 수 있는 능력이 제한되는데 이 경우 강박적인 사고 패턴이 나타나기 쉽다. 예를 들어, 최근 사회문제가 되고 있는 보복운전처럼 운전 중에 누가 갑자기 끼어들면 이를 참지 못해 끝까지 따라가는 등 강박적인 생각에 빠지는 것은 전방대상회의 활동 증가와 관련 있다.

좌측 측두엽의 활동 변화는 화를 잘 내고 폭력적인 생각을 증가시킬 수 있다. 특히 측두엽은 공포, 기억, 공격성, 환청, 기시감과 같은 정신증상들과 관련이 많은 부위다. 즉, 이러한 측두엽의 활동 변화가 공격성과 관련된다는 것이다. 기저핵은 공황장애나 우울증 환자에게 과도하게 활성화되는 경우가 있는데, 폭력적인 사람들에게도 기저핵의 과활성이 나타나 불안과 우울도 폭력성과 관련된다는 보고가 있다.

그 외에 일부 변연계의 활동 증가, 특히 변연계의 중요한 부위인 편도체가 자극을 받게 되면 불안해지고 공격성을 보일 수 있다. 이는 불안이 공격성과 서로 맞물려 있는 것을 보여주는 것이다. 즉, 불안한 사람들이 겉으로는 화를 내는 현상으로 나타난다는 것이다. 예를 들어 아이가 크게 다칠 뻔했을 때 엄마들이 그 자리에서 오히려 아이나 주변 사람들에게 화를 크게 내는 것도 이와 유사한 것이다.

가정폭력은 어떻게 가족의 영혼을 파괴하는가

가정폭력을 행사하는 사람들은 분노조절에 문제가 있는 경우가 많다. 그런데 분노의 기저에는 불안과 우울이 깔려 있다. 불안 및 우울, 그리고 분노가 세 개의 꼭지점이 돼 삼각형을 이루고 있다고 볼 수 있다.

특히 우리나라 남성들은 문제가 발생했을 때 아내, 자식, 사회 등 자신이 아닌 외부로 원인을 돌리는 경우가 많다. 이러한 외재화를 통해 아내와 자식에게 폭력을 행사하며 화풀이를 하는 것이다. 이에 반해 여성들은 문제의 원인을 자기 탓으로 돌려 화병이나 우울증을 앓는 경우가 많다.

가정폭력은 주로 남편이 아내를, 아버지가 자식에게 행사하는 경우가 많지만, 최근에는 아내가 남편을, 자식이 부모를 때리는 경우도 늘고 있다. 무심코 행한 가정폭력은 폭력을 당한 피해자 및 기타 가족들의 영혼을 파괴하는 행위다. 특히 다음과 같은 두 가지 면에서 돌이킬 수 없는 치명적인 마음의 상처를 남긴다.

우선 폭력이 피해자의 심리 및 정신에 미치는 영향을 살펴보면, 정신이 멍해지고 불안해지며 극심한 수치심과 증오심을 갖게 된다. 가장 의지하고 신뢰해야 할 가족에게 폭력을 당했으니 상처나 충격이 더 클 수밖에 없다. 그 결과 창피해 죽고 싶거나 분해서 가정을 나가고 싶고, 심한 경우 자살까지 시도하기도 한다. 이러한 반응을 '급성 스트레스 반응(Acute Stress Reaction)'이라고 한다. 이후에는 자존심에 상처를 입어 무기력감이나 자살 사고를 보이는 등 우울증, 불안장애를 의심하게 하는 증상들을 보인다.

또한 폭력을 정당한 것으로 받아들이게 되는 점도 심각한 문제다. 폭력에 시달리다 보면 폭력을 당하는 자신을 타당화시키기 위해 자신이 맞을 짓을 했다고 여기게 되는 것이다. 이는 부당하게 폭력을 당하는 상황을 의식적으로는 받아들이기 어렵기 때문에 이유는 잘 모르지만 자신이 맞을 짓을 했을 것이라고 믿고, 그 결과 부당한 폭력에 대항하지 못하고 순응하게 되는 것이다.

가정폭력이 양산하는 또 다른 심각한 문제는 폭력의 대물림이다. 가정폭력을 경험하며 성장한 자녀들은 가정폭력의 폐해를 잘 알기 때문에 자신은 절대 폭력을 행사하지 않으리라 결심한다. 하지만 안타깝게도 또 다른 가정폭력범이 되는 경우가 많다. 이는 무의식적으로 폭력을 학습했기 때문이다.

뉴스에 세 살 박이 어린 아들을 죽인 비정한 젊은 엄마의 소식이 실린 적이 있다. 부부불화로 아들을 데리고 가출한 30대 엄마는 평소 아이가 많이 울고 음식을 자주 토했으며 대소변을 잘 가리지 못해 한 달 전부터 아들을 죽일 생각을 했다고 한다. 결국 공중화장실에서 아이를 때리기 시작해 근처 숲에서 발로 걷어차 뇌출혈로 숨지게 했다. 죽은 아이의 엄마는 어머니를 흉기로 찔렀을 정도로 난폭한 아버지 밑에서 자랐다. 그 후 외갓집을 전전하며 지냈는데 친척들에게도 구박과 폭행을 많이 당했다고 했다.

형사정책연구원의 조사결과를 보면 가정폭력을 행사한 사람의 64.6%가 부모로부터 폭력을 당한 것으로 보고됐다. 즉, 부모로부터 폭력을 문제해결 방식이나 스트레스 해소 수단으로 학습하게 되는 것이다.

가정폭력의 대책은 예방이 가장 중요하다. '여성의 전화'의 통계를 보면, 첫 번째 구타의 발생 시기는 90%가 결혼 후 1년 이내이며, 결혼 전에도 구타가 있었던 경우가 15% 정도라고 한다. 즉, 상당수의 구타가 결혼과 동시에 시작되며 그전에도 그런 조짐을 보이기 때문에 결혼 전에 폭력이 발생한 경우 결혼을 재고할 필요도 있다.

가정폭력을 예방하기 위해서는 가정이나 학교에서 남녀평등 의식교육과 예비부부를 위한 프로그램을 통해 가정폭력의 심각성을 주지시켜야 한다. 가정폭력은 일종의 사회문제이므로, 이제 공적인 차원에서 대처해야 한다.

가정폭력이 지속되면 우선 가해자와 한 공간에 있는 것을 피하고, 여성의 전화나 경찰에 적극적으로 신고해야 한다. 폭력을 휘두르는 사람과는 논리적인 중재 즉, 화해나 타협이 어려운 경우가 많으므로, 안전을 위해 경찰을 부르는 것이 급선무다. 특히 무기를 가지고 있다면 경찰 등의 도움을 받아 무장을 해제시키고 대화를 시도해야 한다. 무기가 없는 경우에도 주위에 사람들을 충분히 확보해 난폭한 사람을 압도할 수 있는 환경에서 대화를 시도해야 한다. 무리하게 환자를 진정시키려다가 폭력적인 사람을 더욱 흥분하게 만들어 다치는 경우도 있으니 조심해야 한다. 반대로 난폭한 환자가 대화 중에 자해를 하는 경우도 있으므로 안전한 환경을 조성하는 것이 무엇보다 중요하다.

과거에는 가정폭력을 경찰에 신고하면 가정사라며 개입을 꺼려하는 경우가 많았다. 그리고 경찰이 돌아간 후 신고했다는 이유로 2차 폭력이 발생하기도 했다. 하지만 이제는 경찰도 개인 간의 명백한 폭력행위로 인식, 폭력 행위자를 엄벌하고 피해자를 보호하고 있다.

한편, 가정폭력 피해 후에는 응급실이나 상담소를 찾아 신체적, 정신적 치료를 받는 것이 좋다. 이때는 피해자뿐 아니라 가해자도 폭력적 행동을 보이는 원인이 무엇인지 가려내 전문가의 치료를 받아야 한다. 예전에는 타고난 성격이라 절대 고칠 수 없다고 여겼으나 최근에는 뇌기능에 관한 연구들이 발전되면서 원인을 찾아내 그에 맞게 치료하고 있다. 기분조절제나 선택적 세로토닌 재흡수 억제제와 같은 뇌의 신경전달물질의 기능 강화를 위한 약물로도 앞서 설명한 각종 뇌기능의 이상을 해결해 난폭한 행동을 조절할 수 있다.

분노 다스리기

뉴스를 보다 보면 분노 즉, 화를 참지 못해 극단적인 행동을 하는 경우를 흔히 볼 수 있다. 실제 생활에서도 화를 다스리기가 쉽지 않다. 일찍이 아리스토텔레스는 '불끈하며 화를 내는 것은 간단하다. 그것은 누구나 할 수 있지만 그럴 만한 사람에게 그럴 정도로 그럴 만한 기회에 화를 낸다는 것은 쉬운 일이 아니다'라고 말했다. 그만큼 분노를 다스리며 적절히 화를 내는 것은 쉬운 일이 아닌 것 같다.

공격성은 좌절에 대한 반응이다. 즉, 화는 좌절을 경험할 때 나타나는 반응이라는 것이다. 또한 폭력은 자신에 대한 강한 무가치감, 무능력감을 극복하기 위한 방법이기도 하다. 분노감이 큰 사람들은 행복과 불행의 결정이 자신의 의지가 아니라 외부 환경이나 다른 사람에 달려 있다는 비합리적인 생각을 하는 경우가 많다. 분노를 다스리기 위해서는 우선 자신의 분노의 성격부터 면밀히 들여다봐야 한다.

자신의 분노 파악하기

분노의 성격과 내용, 원인, 어린 시절 경험한 사건과의 연관성 등을 파악한다. 예를 들어 다음과 같은 자기 질문들이 도움이 될 것이다. '분노의 인식이나 표현이 나에게 문제가 되는가? 그렇다면 무엇이 문제인가?', '내가 화가 났다는 것을 어떻게 아는가?', '내 마음속에 어떤 생각이 들 때 화가 나는가?', '어린 시절 화를 낼 때 어떤 방식으로 화를 내라고 배웠는가? 또한 그때 부모님과 주변사람들의 반응은 어떠했는가?', '어떤 유형의 사람, 사건, 상황이 나를 화나게 만드는가?', '나는 분노 감정을 느끼는 것이 괜찮다고 생각하는가?', '분노를 표출하는 것에 대해 나는 어떻게 생각하고 있는가?', '나는 화를 낼 때 어떤 방식으로 표출하고 있는가?' 등을 자문함으로써 구체적으로 분노의 원인, 유형, 행동 등을 파악하는 것이 중요하다.

분노와 관련된 믿음의 오류 바로 잡기

화를 잘 내는 사람들은 잘못된 믿음을 갖고 있기 쉽다. 대표적인 것이 화를 내야만 자신의 감정을 제대로 표현할 수 있다고 생각하는 것이다. 또한 화를 내야 자신이 원하는 것을 취할 수 있으며, 화를 억제하면 행복감도 억제된다고 믿는다.

하지만 화를 내면 문제가 해결되기보다 또 다른 인간관계의 문제가 발생하게 된다. 따라서 자신의 믿음의 오류를 찾아내 보다 건강하고 긍정적인 것으로 바꿔야 한다.

분노의 초기 신호 감지하기

대개 화를 잘 내는 사람들은 분노의 초기에 신호가 있다고 한다. 예를 들어 몸 떨림이나 아찔한 느낌, 근육 긴장, 얼굴이 달아오름, 주먹 쥠, 이를 악무는 것 등이다. 이것이 분노의 초기 신호라는 것을 스스로 인식했다면 잠시 멈춰 서서 다음에 어떻게 할 것인지 곰곰이 생각해보는 시간을 갖는 것이 좋다. 즉, 초기에 스스로 분노의 신호를 인식해 강렬한 분노 반응으로 발전하는 것을 막아야 한다.

타임아웃 기법 활용

타임아웃이란 운동 경기 중에 선수나 감독이 잠시 작전을 논의하기 위해 휴식시간을 요청하는 것을 말한다. 이처럼 분노의 초기 신호가 감지되면 이를 중단시키고 적절히 해소하기 위해 그 상황에서 잠시 벗어나 다시 생각해보는 여유를 갖는다. 실제 그 자리를 떠나는 것도 좋은 방법이고, 잠시 생각이나 행동의 주제를 바꿔보는 것도 방법이 될 수 있다.

감정의 강도에 따라 분노 표출 수위 조절

물론 분노를 무조건 억제해서는 안 된다. 반대로 무조건 표현해서도 안 되기 때문에 자신이 느끼는 분노의 강도가 어느 정도인지 분류하고, 그에 따라 적절한 표출법을 평상시에 생각해두었다가 상황에 맞게 표현한다. 물론 이때도 강렬한 행동은 자제해야 하며 평소 구체적인 언어로 표현하는 방법을 연습해야 한다.

용서하기 훈련

용서가 훈련돼 있는 사람은 상대에게 쉽게 화를 내거나 분노를 표출하지 않는다. 인간은 누구나 완전하지 못하기에 실수를 할 수 있으며, 때로 타인을 화나게 할 수 있다는 사실을 받아들여야 한다.

적절한 자기주장하기

분노를 자주 표출하는 이들은 적절한 자기주장에 익숙하지 못해 분노라는 잘못된 방법으로 자기주장을 하는 것이다. 따라서 대화법의 일종으로 적절한 자기주장 대화법을 훈련해 화를 내는 대신 적절하게 자기주장을 해야 한다.

그 외에도 자신을 이완시킬 수 있는 호흡법이나 근육이완법 등을 익혀두었다가 화가 날 때 적절히 사용해 긴장, 분노 등을 조절하는 것도 좋은 방법이다.

Part. 2

부부를 위한
마인드 클리닉

배우자는 상대의 정신치료자가 되어야 한다.
정신치료는 공감하고 존중해주며 상대의 이야기를
경청하는 것부터 시작된다. 건강한 결혼생활을 위해
기꺼이 배우자의 정신치료자가 되기를 자청하는
가정들이 늘어나기를 바란다.

01
결혼은 인생의 무덤?

최근 결혼을 늦게 하거나 아예 안 하는 젊은이들이 부쩍 늘고 있다. 결혼은 필수가 아니라 선택이라는 말도 자주 들린다. 동거는 해도 결혼은 싫다는 사람들도 있다. 과연 결혼은 해야 하는 것일까? 한다면 왜, 무엇 때문에 해야 하는 것일까?

결혼을 하는 이유

먼저 결혼의 정의를 살펴보면 결혼은 남녀가 만나 정식으로 부부관계를 맺음으로써 법적으로 부부로서의 의무를 서약하는 것이다. 동시에 부부는 관습이나 법으로 승인되는 결혼관계를 맺게 된다. 이렇게 결혼을 하게 되면 부부에게는 몇 개의 특권이 주어지게 된다.

즉, 부부 사이에 출생한 자녀의 합법성을 인정받게 되고, 두 사람 사이의 배타적 성관계가 공인된다. 또한 부모의 권리 및 책임 있는 부양관계가 성립되고, 가정의 재산권 보호는 물론 당사자의 각종 권리를 보호받게 된다.

하지만 사람마다 결혼을 하는 이유는 다양하다. 애정 및 동료애의 획득, 정서적 안정, 지위와 존중감의 확보, 성적 만족, 자녀양육 등 정신적, 경제적 안정 및 성인으로서 사회적 신분 획득, 효율적 노동의 분담 등을 이유로 결혼을 하게 된다.

그러나 일부에서는 다른 의도로 결혼을 선택하기도 한다. 예를 들면 가정폭력 및 가난 등의 이유로 기존 가정에서 탈출하기 위해 결혼을 선택하는 경우도 있다. 이 경우 자신만의 완벽하고 이상적인 가정을 꿈꾸는 경향이 있는데, 애초 건강한 가정을 모델링하지 못했기 때문에 안타깝게도 꿈을 이루지 못하는 경우가 많다.

간혹 영화나 드라마처럼 헤어진 연인에 대한 복수심으로 다른 사람과 급작스레 결혼하는 경우도 있다. 이러한 사람은 자신을 망가뜨림으로써 상대에게 죄책감을 느끼게 하려는 목적이므로 당연히 행복한 결혼생활을 하기 어렵다. 한편, 고마운 마음에 보답하고자 결혼하는 경우도 있다. 희생을 자처하는 자는 평등한 부부관계를 이루는 데 어려움이 있을 수 있다.

이런 식으로 결혼을 하면 곧 여러 가지 갈등에 봉착하게 될 것이라는 것은 불을 보듯 뻔하다. 처음부터 정서적 안정을 이룰만 한 긍정적 동기가 부족하기 때문에 정상적인 결혼의 목적을 달성하기 어려운 것이다. 어쨌든, 결혼을 한 다음에는 주례사의 단골 멘트처럼 행복하게 잘 살아야 하는데 많은 부부들이 부부갈등을 호소하는 경우가 많다. 심한 경우 부부갈등으로 정신건강의학과를 찾기도 한다.

칼로 물 베기는 옛말?

얼마 전 60대 초반의 부부가 반복적인 부부싸움에 지쳐 한 번 상담이나 받아 보자는 생각으로 병원을 찾았다. 먼저 남편을 만났다. 남편은 가치관이 다른 부인과 평생 힘들게 살았는데 최근에는 자신이 외도를 한다며 괴롭혀 도저히 살 수 없다고 호소했다. 때로는 부인을 버리고 싶은 충동이 들 정도라고 말했다.

부인은 남편이 일만 하고 가정을 등한시해서 힘들었는데 언제부터인가 자신을 싫어하고 잠자리도 기피하는 것이 아마 다른 여자가 생긴 것 같다고 주장했다. 마지막으로 딸을 만났다. 딸은 아버지의 말도 맞고, 어머니의 말도 맞다고 했다.

이 부부는 치료를 받은 뒤 관계가 회복돼 지금은 잘 지내고 있다. 이렇게 서로의 가치관 차이로 오랫동안 갈등하다가 나이가 들어 우울증으로 발전해 고통을 겪는 부부들이 많다. 실제 부부싸움을 전혀 하지 않는 부부를 찾기 어려울 정도로 부부갈등은 매우 흔한 일이다. 부부는 서로 사랑해 결혼했음에도 왜 그렇게 갈등을 겪어야 하는 것일까?

실제 이혼한 부부들이 가장 많이 주장하는 것이 성격 차이다. 성격이 서로 안 맞는다는 것인데, 성격이 비슷한 부부가 꼭 잘 사는 것도 아니라고 한다.

자세히 들여다보면 성격 차이라기보다 위 사례처럼 가치관의 차이, 우선순위의 차이인 경우가 많다. 그래서 전문가들은 성격 차이는 결혼 생활에 큰 문제가 되지 않지만 가치관이 다르면 심각한 갈등이 일어날 수 있다고 조언한다. 같은 곳을 바라보고 같은 생각을 하면 좋을 텐데, 같은 곳을 바라보며 다른 생각을 하니 다툼이 빈번해질 수밖에 없는 것이다.

| 생활사의 차이

태어나서 지금까지 살아온 생활의 역사가 현격하게 다르면 갈등의 요소도 많을 수밖에 없다. 이는 가족의 배경부터 가정환경, 부모의 양육 등이 한 개인을 형성하기 때문이다.

| 지배와 희생의 관계

어느 한 쪽이 다른 한 쪽을 지배하고, 다른 한 쪽은 희생하는 관계라면 지배당하는 쪽은 항상 억울하고 부당하다는 불만을 갖게 된다. 보수적인 가정의 남자들이 남존여비, 부부유별 의식을 가지고 부인을 대하는 경우 이런 문제가 발생하기 쉽다.

▌ 불합리한 상호기대

배우자에 대한 기대가 비현실적인 경우, 그 기대가 만족되지 못하면 갈등으로 발전할 수 있다. 결혼에 대한 지나친 핑크빛 환상도 이에 해당될 것이다. 결혼만 하면 모든 것이 해결되고 행복할 것이라는 환상도 갈등의 원인이 된다.

▌ 경제적 문제

이혼율은 경제지표와 반비례한다고 한다. 가정에 경제적 문제가 발생하면 이로 인해 이혼까지 결심하게 된다. 어떤 경우는 빚 문제로 형식적인 이혼을 한 뒤 문제가 해결되면 다시 결합할 생각으로 이혼을 했다가 영영 헤어지는 경우도 있다고 한다. 결혼의 목적 중 하나가 경제적 안정인데 이렇게 경제문제가 발생하면 이혼으로 결혼을 파기하기도 한다.

▌ 성적인 문제

결혼해서 성적으로 합법적인 지위를 받았는데 막상 성적인 문제가 있어 정상적인 부부관계를 갖지 못하면 심각한 갈등이 일어날 수 있다.

▌ 배우자 가족과의 불화

결혼은 개인과 개인의 결합이 아니라 가족과 가족의 결합이라는 말이 있다. 배우자와는 원만한데 배우자 가족들과 갈등이 심하면 배우자와의 관계도 악화되는 경우가 많다.

흔히들 결혼은 해도 후회, 안 해도 후회라고 한다. 하지만 자신을 지지해주는 사람과 사랑을 완성하고, 결혼을 통해 정서적으로 안정된 생활을 영위할 수 있다면 그보다 의미 있고 행복한 일은 없을 것이다.

단 결혼을 결심하기 전에, 혹은 결혼을 후회하고 있는 경우라면 건강한 가정을 꾸려갈 수 있는 성숙된 인격을 갖추고 있는지 자신부터 돌아보길 바란다. 바네트 브릭크너는 '결혼의 성공은 올바른 배우자를 발견하는 것이 아니라 올바른 배우자가 되는 것'이라고 말했다. 배우자에게 바라기 전에 자신을 돌아보는 것이 우선이라는 말이다.

02

의처증·의부증

마음의 병에서 비롯된
비뚤어진 애정

우울증을 앓고 있는 50대 중반의 주부 정 씨는 중견기업을 운영하는 남편
이 외도를 한다고 주장했다. 평소 옷맵시가 좋은 편이라 나이보다 젊게 보
이는 남편을 불안하게 여겼는데, 최근 모임에서 만난 한 여성과 각별한 사
이라고 의심하게 된 것이다. 남편은 사실이 아니라며 결백을 주장했다. 이
부부의 자녀들은 모두 외국에서 생활 중이었다. 소식을 들은 딸이 한국으
로 건너와 한동안 부부와 함께 지내기로 했다. 딸은 정성껏 어머니를 위로
했다. 한편 신뢰를 잃어 고통스러워하는 아버지도 지지해주었다. 그 결과
가족은 다시 평온을 찾게 됐다.

이처럼 사실이 아닌데 배우자의 정절을 의심하는 것을 의처증 또는
의부증이라고 한다. 의처증과 의부증은 일종의 정신증상으로, 망상장
애의 결과로 나타날 수 있다. 여기서, 망상이란 그 내용이 아주 체계적
이면서 괴이하지 않은 것을 말한다. 즉, 망상의 내용이 매우 그럴듯하

며, 그 내용에 합당한 기분을 보이고 인격 또한 비교적 잘 유지한다. 그래서 이들은 망상이나 그로 인한 기분의 문제를 제외하면 일상의 다른 부분은 정상적으로 영위하는 경우가 많다. 즉, 배우자가 외도를 한다고 믿어 심적으로 괴로운 상태이지만 직장도 잘 다니고 다른 대인관계에는 별다른 문제를 보이지 않는 것이 특징이다.

망상장애의 결과?

괴이하지 않은 망상이란 어떤 것인지 예를 들자면, '균에 감염됐다', '배우자가 다른 사람을 사랑한다' 등 실제 일어날 법하지만 확실한 근거나 증거는 없는 생각들을 말한다. 의처증, 의부증은 이 중에 배우자가 다른 사람을 사랑한다는 망상을 가진 경우다. 즉, 이들 망상들은 대개 근거가 없기 때문에 사실과 다르지만, 현실에서 충분히 일어날 수 있으므로 괴이하지 않은 망상이라고 명명하는 것이다. 과거에는 망상장애를 편집증 또는 편집성 장애라고 불렀지만 편집증이라는 용어가 불분명하다고 해 최근에는 망상장애라고 부른다.

망상장애는 망상을 가지고 있다는 면에서 조현병과 유사하지만, 증상이 장기간 계속돼도 인격의 황폐화가 적으며 스트레스와 같은 외적 요인이 일부 원인이 된다는 점에서 조현병과는 차이가 있다. 가족 내 유전적 연관성이 적다는 점도 조현병과 다른 점이다.

망상장애는 비교적 흔치 않은 질환으로 알려져 있지만 미국의 경우

유병율이 인구 10만 명당 23~24명으로 보고될 정도로 적지 않다. 그러나 문제는 병에 대한 인식이 부족해 실제 치료받는 비율이 매우 낮고 치료가 어려워 본인은 물론 가족들도 오랜 기간 고통을 받는다는 것이다. 주로 중년기 이후에 발병하며 여성에게 더 많고 대부분 기혼자이며 교육이나 사회경제적 수준이 낮은 집단에서 발병하는 비율이 높은 편이다.

망상장애의 원인은 아직 명확하게 밝혀지지 않았지만, 유전적 요인, 환경적 요인, 정신적 요인에 의해 일어나는 것으로 알려져 있다. 유전적 요인을 알아보기 위한 가계 연구에서 망상장애가 조현병이나 기분장애의 가족력과는 관련이 없는 것으로 나타났지만, 망상장애 환자의 친족에서 편집형 인격장애(타인의 동기를 악의적으로 해석하고 의심하며 불신하는 성격)가 많은 것으로 알려져 유전적 요인이 영향을 미치고 있을 가능성이 제기됐다.

환경적 요인으로는 이민, 이주, 청력 상실, 기타 스트레스 등이 원인이 되고 있다. 특히 이민자의 경우, 고향에 돌아가면 증상이 사라지는 경우가 많아 이민 자체가 망상의 원인으로 지목되기도 한다.

망상장애는 색정형, 과대형, 질투형, 피해형, 신체형, 혼합형으로 나뉜다. 이 중 질투형 망상장애 환자들이 의처증, 의부증을 보이는 것이다. 이들은 정당한 이유 없이 자신의 배우자나 연인이 부정을 저지르고 있다고 굳게 믿는다.

망상장애 환자들의 증상은 망상 외에도 우울이나 조증 등의 기분증

- ◆ 타인들로부터 피해를 받을 가능성이 높을 것으로 예측되는 상황
- ◆ 불신과 의심을 증가시키는 상황
- ◆ 사회적으로 고립돼 있는 상황
- ◆ 시기와 질투를 조장하는 상황
- ◆ 자존심을 떨어뜨리는 상황
- ◆ 다른 사람에게서 자신의 결함을 보는 상황
- ◆ 의미나 동기를 알아내기 위해 심사숙고를 해야 하는 상황

상, 성기능 저하, 자살 의도나 자살 기도 등 기타 부수적 증상을 가지고 있는 경우가 많다. 따라서 우울증이나 양극성 장애와 같은 다른 정신과적 질환과의 감별도 필요하다.

그 외의 관련 질환들

망상장애 외에 의처증, 의부증을 보이는 질환으로는 정신증을 동반하는 우울장애, 초기 치매, 조현병, 양극성 장애, 기질성 정신장애 등을 들 수 있다. 이 중에서 정신증을 동반하는 우울장애 환자들에게도 상황에 따라 각종 망상이 나타나는데, 중년기 이후 자신이 더 이상 매력적이지 않아 배우자가 다른 사람을 사랑할 것이라는 일종의 열등감에서 비롯되는 것이다. 치매도 망상을 동반하는 경우, 의처증이나 의부증과 같은 질투형 망상이 나타날 수 있다.

의처증과 의부증을 치료하기 위해서는 정신치료와 약물치료가 병행돼야 한다. 그러나 대부분 병에 대한 인식 부족으로 치료를 거부하는 것이 문제다. 초기에는 가족들조차 치료에 협조하지 않는 경우가 많다.

물론 의처증, 의부증 치료 시 부부 중 어느 한 쪽의 말만 듣고 치료를 시작해서는 안 되며, 중립적 관점을 유지해야 한다. 의처증이나 의부증을 앓고 있는 환자도 괴롭지만, 불신을 당하는 배우자도 고통스럽기는 마찬가지다. 따라서 의처증, 의부증의 환자 가족은 다른 쪽으로 환자의 관심을 돌려 심적 고통에서 벗어나게 도와줘야 한다. 반려동물을 키우거나 건전한 취미생활을 하는 것도 좋은 방법이다. 환자가 마음의 평온을 찾고 객관적인 시각을 가질 수 있도록 도와주는 한편, 의심을 받는 가족에게도 믿음을 보여줘야 한다. 도입부에 든 사례처럼 가족의 역할이 매우 중요하다.

한편, 환자의 망상을 비난하거나 반대로 동조해서는 안 된다. 간혹, 배우자의 끈질긴 추궁에 지쳐 사실이 아님에도 외도를 인정하는 경우가 있는데 그러면 망상을 더욱 공고하게 만들 뿐이다. 약물도 도움이 되는데 특히 불안과 초조, 우울을 동반하는 경우 이를 경감시킬 수 있다.

03

부부 유대의 바로미터

김 씨는 30대 후반의 건장한 남성이다. 김 씨는 발기부전으로 비뇨기과를 방문했으나 아무런 이상이 발견되지 않아 정신건강의학과로 의뢰됐다. 병력을 들어 보니 최근 회사에서 업무 과부하로 심신이 지쳐있는 상황이었다. 게다가 부인과 경제적 문제로 다툼이 늘어 스트레스 강도도 높았다. 그러다 보니 성욕도 줄고 어쩌다 부인과 부부관계를 가지려 해도 전과는 달리 발기가 잘 안 돼 병원을 찾게 된 것이다. 이 경우는 성적 흥분장애, 그 중에서도 2차적 발기부전장애에 속하는 것이다.

물론 환자는 처음에는 심리적인 스트레스가 원인이라는 사실을 받아들이지 못했다. 그러나 신체검사상 문제가 발견되지 않고 최근 각종 스트레스로 생긴 문제라는 것을 수긍한 뒤 정신치료 및 약물치료를 받았다.

위 경우 이완요법 등 긴장을 줄이기 위한 노력도 중요하다. 때때로 환자들은 침대를 하나의 공연장으로 생각하는 경우가 있다. 유일한 관객인 부인 앞에서 성적 수행을 잘해야만 한다는 강박관념이 있는 것이다. 따라서 이런 수행 불안을 경감하고 자신을 이완시킬 수 있어야 건강한 성생활이 가능하다.

부부에게 건강한 성생활은 매우 중요하다. 앞서 살펴본 바와 같이 결혼의 목적 중 하나가 부부간의 공인된 성관계 획득이다. 부부간의 성생활은 유대감과 친밀도를 높여주므로 결혼생활의 만족도와 직결되기도 한다. 하지만 우리 주변에는 스트레스 등으로 성관계를 갖지 않는 섹스리스 부부가 증가하고 있는 추세다.

한국성과학연구소가 발표한 '2014년 한국인 성의식 실태'에 따르면 최근 1개월 간 배우자와 성관계를 아예 갖지 않았거나 월 1회인 사람은 35.1%인 것으로 조사됐다. 섹스리스 부부 비율이 44.6%인 일본보다는 낮지만 세계 평균인 20%보다는 높게 나타났다.

과거에 비해 성을 금기시하는 문화는 사라지고 있지만 여전히 성 장애를 적극적으로 치료하려는 부부는 많지 않다. 위 사례와 같이 남성의 경우, 먼저 비뇨기과를 방문해 검사를 받아 본 뒤 아무런 신체적 이상이 발견되지 않아 정신건강의학과로 의뢰되는 경우가 많다. 스트레스나 강박, 위축 등 심리적 요인에 의해 성 장애가 발생하는 경우가 많으나, 처음부터 이를 정신적인 문제로 인식하지 못하는 것이다. 반면, 성에 대해 소극적인 여성의 경우는 자신이 성기능 장애를 앓고 있다는 것을 제대로 인식하지 못하는 경우도 많다.

이렇게 성과 관련된 각종 질병을 성 장애라고 한다. 성 장애는 크게 두 가지 유형으로 나뉘는데, 첫 번째는 성기능 장애다. 이는 성기능에 문제가 있는 것이 주이지만, 성적 흥분에 문제가 있거나 각종 수행에 장애가 있는 경우를 모두 포함한다. 둘째는 뉴스에 종종 보도되는 성범죄와 연관이 많은 성도착증이다. 성도착증은 사회문화적으로 부적절하거나 위험한 양상의 성적 흥분을 포함한다.

부부관계를 방해하는 각종 성기능 장애

그 중 본서에서는 부부간의 성적 문제를 일으키기 쉬운 성기능 장애를 중심으로 살펴보겠다. 성기능 장애의 대표적인 것은 성적 욕구장애, 성적 흥분장애, 극치감 장애, 성적 통증 장애와 같이 성적 활동에 지장을 주는 것들이다.

먼저 성적 욕구장애는 성적 공상이나 성행위에 대한 욕구에 문제가 있는 것으로, 주로 만성 스트레스, 불안, 우울과 같은 심리적 요인에 의해 일어난다. 그 밖에 중추신경을 억제하거나 남성 호르몬의 작용을 억제하는 약물 투여 시에도 나타날 수 있고, 장기간의 성적 금욕 자체가 성적 욕구를 억눌러 나타나기도 한다.

성적 욕구장애에는 성적 욕구 감퇴장애와 성적 혐오장애가 있는데, 성적 욕구 감퇴장애는 성적 환상이나 성적 활동에 대한 욕구가 부족하거나 아예 없는 것을 말한다. 이로 인해 부부관계는 물론, 주요 우울증이나 조현병 같은 다른 질환이 없는데도 사회생활에 불편을 호소하며,

특히 자신감이 결여돼 있는 것이 특징이다. 주로 여성 및 기혼자에게 많은 편이며, 스트레스를 많이 받거나 사생활이 부족한 경우 더욱 악화될 수 있다.

둘째, 성적 흥분장애의 대표적인 예는 남성의 발기부전장애다. 이는 한 번도 성관계를 제대로 해본 적이 없는 1차적인 발기부전과 위 사례와 같이 전에는 가능했으나 이후 그 기능이 떨어진 2차적 발기부전으로 나뉜다. 성 장애로 치료받는 남성의 약 50%가 발기부전일 정도로 흔한 질환이다. 발기부전은 심리적 요인도 중요하지만 75% 이상에서 한 가지 이상의 신체적 원인을 갖고 있는 것으로 알려져 있다. 따라서 신체질환의 치료도 병행돼야 한다. 대표적인 질환으로는 심혈관 질환, 심장질환, 간질환, 영양실조, 당뇨병, 다발성 경화증, 외상성 척수손상 등을 들 수 있다.

여성 흥분장애 또한 전체 기혼 여성의 약 3분의 1에서 나타날 정도로 흔하다. 여성 흥분장애는 성 반응 중에 흥분과 쾌락이 전혀 나타나지 않거나 부족한 것이 특징이다.

셋째, 극치감 장애는 여성 무극치감 장애, 남성 극치감 장애, 조루증을 들 수 있다. 여성 무극치감 장애는 성적 흥분단계 이후 극치감이 지연되거나 아예 이를 느끼지 못하는 경우로, 흔히 불감증이라 불리는데 임신에 대한 두려움, 성적 배우자에 대한 거부감, 우울감과 같은 심리적 요인에 기인하는 경우가 많다고 한다.

남성 극치감 장애는 성교 시 매우 힘들게 사정을 완수하는 경우를 말하며, 조루증은 의지와 상관없이 최소한의 자극에도 지속적 또는 반복적으로 사정을 하는 경우다. 조루증은 기혼 남성의 약 3분의 1에서 나타날 정도로 흔한 질환이다.

넷째, 성적 통증장애는 성교통과 질 경련이 특징적인 질환으로, 성문제로 치료받는 여성 중 가장 흔한 질병이다.

건강한 부부관계를 회복하려는 용기

이러한 성기능 장애를 겪으면 원만한 부부관계를 유지하기 어렵다. 성기능 장애의 많은 경우가 심리적인 원인에 의한 것인데 이 중 배우자와의 불화도 한 몫 한다. 따라서 성기능 장애를 치료하려면 배우자의 이해와 배려가 뒷받침돼야 한다. 그러나 아직도 부부들은 성적인 문제에 대해 허심탄회하게 대화하기를 꺼려하는 경향이 있다. 오히려 솔직하게 털어놓고 문제가 있으면 치료를 받는 것이 건강한 부부생활을 위한 길이다.

많은 경우 일시적인 성기능 장애를 경험하면 이를 상당히 치욕스럽게 받아들인다. 그러면 그것이 스트레스가 돼 향후 다시 성관계를 가지려 할 때 장애 증상이 반복돼 만성화될 수 있다. 일시적인 스트레스나 피로로 인한 증상은 충분한 휴식으로 사라질 수 있으므로 마음을 편하게 먹는 것이 좋다. 성기능 장애는 부부 공동의 병이라 할 수 있다. 따라서 정서적 안정감을 찾을 수 있도록 배우자가 충분한 지지와 신뢰, 유대감을 보여줘야 한다.

성기능 장애로 고통을 겪고 있다면 무관심, 무지, 부끄러움으로 피하지 말고 전문가의 치료를 받아야 한다. 성기능 장애는 정신치료와 약물치료, 행동치료, 수술치료로 치료할 수 있는데, 그 중 행동치료는 성감대의 감각적 의식을 증가시키는 데 초점을 둔 성감 집중 훈련, 조루증의 치료에 사용하는 압축법 등이 있다. 약물치료는 발기부전의 경우 음경의 혈류를 증가시키는 약물(예: 실데나필)이나 중추신경계 도파민의 농도를 증가시키는 약물(예: 아포모르핀) 등이 사용되고, 조루증에는 사정을 지연시키는 선택적 세로토닌 재흡수 억제제가 사용된다.

흔히 성기능 장애를 민간요법으로 치료하려는 경우가 많은데, 최근에는 성 장애를 전문으로 치료하는 전문 클리닉이 늘고 있으니 용기를 내 문을 두들겨보자. 발기부전의 경우 비뇨기과에서 수술적 치료를 받을 수도 있다.

부부간의 사랑을 지속하기 위해서는 성생활을 무시할 수 없다. 그렇기 때문에 '부부관계'라는 말이 부부간의 성생활 자체를 가리키는 말이 되었을 것이다. 또한 건강한 성인에게 건강한 성생활은 건강한 신체활동 못지않게 중요한 부분이다. 하지만 만족스러운 성생활은 건강한 신체와 건강한 정신이 뒷받침될 때 가능한 것이다.

만약 자신의 성생활에 문제가 있다고 생각되면 당연히 치료를 받아야 할 것이다. 건강한 성생활을 회복하려는 용기는 자신은 물론 배우자를 위해, 그리고 건강한 부부관계를 위해 꼭 필요한 것이다.

정서중심적 부부치료

　최근 부부문제, 부부갈등으로 고통을 받는 가정이 많아 이혼율도 높아지고 있다. 그만큼 부부치료가 절실한 가정이 많은 것이다. 부부치료란 부부간의 상호작용을 심리적으로 조정해 부부간의 여러 가지 갈등을 해결하고자 하는 일종의 정신치료를 말한다. 따라서 부부치료는 부부의 정서적 고통과 장애를 완화하고, 배우자로서 또는 개인으로서 보다 행복한 삶을 영위하기 위한 것이다.

　부부치료를 통해 치료자는 두 사람이 갖고 있는 문제해결 능력을 강화할수 있다. 또한 불화로 인해 두 사람의 유대가 깨지지 않도록 저항력과 상호보완성을 키우고, 개인 및 두 사람의 관계를 건강하게 발전시키기 위해 노력하는 법을 일깨워준다. 서로의 인격을 이해, 존중하게 되면 자신의 행동이 자신은 물론, 배우자의 인생과 사회에 지대한 영향을 미칠 수 있다는 것을 깨닫게 될 것이다.

　따라서 부부간에 성문제나 성불만이 발생했을 때나 위기 상황으로 가족

내 혼란이 야기됐을 때, 부부의 불화로 정신적 문제가 발생할 때 등 부부간에 문제가 있다고 판단되면 정신건강의학과를 찾아 부부치료를 받는 것이 좋다. 그러나 많은 사람들이 정신건강의학과를 어려워한다. '이런 문제로 정신과를 가야 하나?', '정신과에 가면 과연 도움을 받을 수 있을까?' 하는 의구심을 갖고 있기 때문이다. 최근에는 정신건강의학과뿐 아니라 부부상담소나 가정법률상담소, 종교단체에서도 부부치료를 실시하니 가까운 기관에 도움을 청해보는 것도 좋을 것이다.

본서에서는 정서중심적 부부치료의 주요 내용들을 소개하겠다.

정서중심적 부부치료

정서중심적 부부치료는 부모가 따뜻한 위로와 보호를 통해 자녀를 양육하듯이 부부 사이에도 정서적 애착과 지지가 중요하다는 것을 강조하는 것이다. 부모-유아의 애착에서는 부모가 거의 전적으로 양육, 위로, 보호를 제공하는 역할을 한다. 하지만 성인의 애착은 호혜적으로 동등하게 주고받는 관계에서 이뤄지는 정서적 결합을 중시한다.

정서중심적 부부치료는 애정이 넘치는 부부관계를 회복하고, 부부가 정서적으로 결합할 수 있도록 도와준다. 이를 통해 부부는 배우자의 입장을 이해하고 서로 따뜻하게 반응하게 되는 것이다.

이를 위해 수잔 존슨 박사가 소개하는 부부관계를 좋게 만들 수 있는 7가지 대화법을 소개하겠다.

> ### 수잔 존슨의 좋은 부부관계를 위한 7가지 대화법
>
> ◆ 제1대화법 : 파악하기 – 부정적 대화방식을 밝혀라
>
> ◆ 제2대화법 : 뿌리찾기 – 원 상처를 찾아라
>
> ◆ 제3대화법 : 돌아가기 – 갈등의 시작으로 돌아가라
>
> ◆ 제4대화법 : 요청하기 – 안아 달라고 요청하라
>
> ◆ 제5대화법 : 용서하기 – 상처를 용서하라
>
> ◆ 제6대화법 : 접촉하기 – 신체적으로 접촉하라
>
> ◆ 제7대화법 : 유지하기 – 사랑을 생기 있게 유지하라

7가지 대화법 중 본서에서 집중적으로 살펴볼 처음 4가지 대화법은 부부관계가 변화할 수 있도록 도와주는 것이다. 이를 통해 부부는 두 사람의 사랑의 속성과 사랑을 회복시킬 수 있는 대화법을 배우게 된다.

제1대화법 : 파악하기

이는 부부의 부정적 대화방식을 밝혀내는 것이다. 즉, 부부를 괴롭히는

부정적 상호작용과 그것이 시작된 시점, 부부의 갈등을 명확하게 밝혀내 그동안 부부에게 내재된 부정적인 상호작용을 인식하는 것이다. 그 결과 파괴적인 언행에 숨겨져 있던 진심을 깨닫게 된다.

제2대화법 : 뿌리찾기

부부문제의 뿌리를 확인하는 과정이다. 이를 통해 부부는 서로의 반응을 이해하고, 이러한 반응이 정서적 애착과 연관돼 있다는 사실을 알게 된다. 부부는 상호작용하는 과정에서 배우자가 원래 가지고 있던 상처를 자극할 수 있다. 따라서 근본적인 상처가 무엇인지 알고, 배우자가 이해할 수 있는 방식으로 원래의 상처를 표현해줘야 한다.

제3대화법 : 돌아가기

부부가 공격과 방어의 부정적 고리에 갇힌 상황을 재연함으로써 관계방식과 정서를 이해할 수 있게 도와주는 것을 목표로 한다. 이는 그동안 부부가 부정적 관계방식으로 문제를 조정하고 있었다는 것을 확인시켜 주는 작업이다.

이상의 3가지 대화방식은 부부의 긴장을 완화하고 결합을 강화하는 다음 대화법의 준비 과정이라고 할 수 있다.

제4대화법 : 요청하기

부부관계에 질적인 변화를 일으키기 위한 것이다. 이때 부부는 서로 다가가서 정서적으로 반응하며 깊은 교감을 이루게 된다. 이때의 요청은 자신을 꼭 안아달라고 요청하는 것이다. 안아달라고 부탁할 수 있는 애착 대상을 찾는 것은 인간의 기본 욕구로, 우리의 유전자에 이미 자리 잡고 있다고 한다. 애착 대상을 향한 욕구는 음식, 주거, 성을 향한 욕구와 마찬가지로 인간의 생존, 건강, 행복을 향한 기본 욕구 중 하나이기 때문이다. 인간은 신체적·정신적으로 건강하게 생존하기 위해서 정서적 애착 대상이 필요하다.

마지막 3가지 대화법은 친밀한 유대감을 형성하는 토대가 된다.

부부가 이런 대화법을 배우면 사랑하기 때문에 겪는 고통을 극복하고 관계의 단절에서 빠져나올 수 있으며, 부정적인 관계를 개선할 수 있다. 그 과정에서 정서적으로 강한 결합, 유대감, 우리, 부부라는 인식이 형성된다. 이는 일종의 호르몬의 작용으로, 열정이 넘쳤던 초기 연애시절에도 느낄 수 없던 새로운 경험을 선사한다.

이러한 대화법을 통해 자신과 배우자를 다른 시각으로 이해하게 되고, 새로운 감정을 느끼고 같은 문제에 대해서도 이전과는 다른 반응을 보이게 된다. 서로에게 다가가 친밀감을 형성하고 유지할 수 있게 되는 것이다.

마지막으로 부부가 사랑을 유지하기 위해서는 정서적 반응 및 정서적 결합이 매우 중요하다. 부부가 정서적으로 결합하기 위해서는 접근, 반응, 정서적 교감이 필요하다.

여기에서 접근이란 의심이 생기고 불안할 때 배우자와 열린 마음을 유지하려는 것이다. 또한 자신의 감정에 압도되지 않기 위해 그것을 정확하게 이해하겠다는 의지를 보이는 것이다. 반응은 배우자의 신호를 소중히 생각하고 있으며, 배우자가 원하면 위로와 관심을 보여주겠다는 것을 의미한다. 애착 신호에 예민하게 반응하면 언제나 정서적 감동이 일어나고 신체적으로 편안함을 경험할 수 있게 된다. 마지막으로 정서적 교감은 사랑하는 사람에게만 보이는 매우 특별한 관심으로, 감정을 행동으로 보여주는 것을 말한다.

04

나는 누구인가?
주부도 때로는 파업하고 싶다

50대 전업주부인 정 씨는 집안일로 잠시도 쉴 틈이 없다. 무슨 일이든 깔끔하게 마무리해야 직성이 풀리기 때문에 누구보다 부지런히 몸을 움직여 집안일을 하고 있다. 완벽주의자인 정 씨는 남의 손에 집안일을 맡기면 마음을 놓을 수가 없다. 그래서 모든 일을 직접 해야 하므로 남보다 더 바쁜 나날을 보내고 있는 것이다. 하지만 어느 날 부부싸움 끝에 '집에서 하는 게 뭐 있냐'는 남편의 타박에 삶의 의욕을 잃고 말았다. 자식과 남편 뒷바라지에 매진한 그동안의 시간과 노력이 부질없다는 생각이 든 것이다.

집안일은 해도 해도 끝이 없다는 말이 있다. 하려 들면 한도 끝도 없지만, 아무리 열심히 해도 표가 나지 않는 것이 집안일이기도 하다. 그래서 '집에서 하는 게 뭐 있냐?', '집에서 놀면서 이것밖에 못 하느냐?' 등 남편이 무심코 던진 말에 아내들은 큰 상처를 받게 된다.

주부들을 옥죄는 각종 스트레스

위 사례에서는 슈퍼우먼 콤플렉스가 정 씨를 옥죄고 있다. 예로부터 여성들은 현모양처나 슈퍼우먼이 되기를 강요받았다. 즉, 집안일도 잘하고 자녀교육과 남편 내조, 부모님 공양까지 똑소리 나게 잘하는 팔방미인이 돼야 했다. 직장에 다니는 주부라고 예외는 아니다. '그렇게 하려면 직장을 그만두라'는 말을 듣지 않기 위해 오히려 집안일과 직장일을 완벽하게 병행해야 하므로 더욱 부담이 크다. 어느 하나라도 삐걱거리는 날에는 자신이 무능하게 느껴져 열등감에 빠지기 쉽다. 이런 슈퍼우먼 콤플렉스는 주변의 과도한 기대 때문이지만 본인 스스로 완벽해지려는 욕심에서 기인하기도 한다.

주부들의 또 다른 스트레스는 다양한 인간관계에서 양산된다. 주부들도 이웃, 학부모, 시댁 및 친지 등 많은 인간관계를 형성하며 살고 있다. 그러다 보니 각종 인간관계에서 오는 다양한 종류의 스트레스를 겪게 된다. 직장인들이 직장 내 인간관계에서 오는 스트레스 때문에 고통 받는 것 못지않게 주부들도 주변의 인간관계 스트레스에 시달리고 있다.

그런데 주부들에게 문제가 되는 것은 나이가 들수록 자신에게 도움이 되는 인간관계가 줄어든다는 것이다. 즉, 친구나 동창, 취미모임 등 스트레스를 해소해주는 인간관계가 줄어드는 대신, 살림 등 스트레스를 받기 쉬운 인간관계만 늘어나는 것이 문제이다. 또한 남편이나 자녀, 양가 부모와의 관계에서 스트레스를 받을 일도 점점 증가한다. 특히 우리나라에서는 소위 '시월드'라 불리는 시댁과의 관계에서 오는 스트레스가 만만치 않다.

자녀들과 원만히 지내는 일도 쉬운 일이 아니다. 예를 들어 예민해진 사춘기 자녀를 대하는 것은 주부들에게 감당하기 어려운 스트레스가 된다. 또한 자녀의 성적을 마치 자신의 성적표로 여기는 주부들은 수험생 자녀 못지않게 성적 스트레스를 받는다.

주부들이 스트레스를 극복하기 위해서는 우선 자신의 스트레스 원인이 무엇인지 들여다봐야 한다. 그를 통해 자신에게 주어진 스트레스가 적절한지, 과도하거나 불합리한 것은 아닌지 판별할 수 있다. 대부분은 받지 않아도 될 스트레스를 스스로에게 부과한 경우가 많다. 따라서 자신이 할 수 있는 일과 할 수 없는 일을 구분해 자신이 잘 하는 부분을 부각시키고, 그렇지 못한 부분은 솔직하게 주변에 도움을 청하는 것이 좋다.

남편이나 다른 가족들도 주부를 이해하고 도와줘야 한다. 주부들은 보이지 않는 곳에서 가족을 위해 묵묵히 일을 하는 부인이자 어머니이고 며느리이다. 주부 또한 스트레스가 많은 일종의 직업이므로 가족 구성원들의 따뜻한 한 마디와 다정한 태도가 큰 힘이 된다.

갱년기 우울증와 친하게 지내기

무엇보다 주부들에게 가장 큰 스트레스는 자신의 존재감에 대한 스트레스다. 대부분의 주부들은 가정을 잘 꾸려가기 위해 열심히 노력한다. 그러나 주부라는 일은 성과가 눈에 보이게 드러나는 것이 아니기 때문에 내가 과연 잘 하고 있는지 확인 받기 어렵다.

또한 자신보다는 다른 가족 구성원 즉, 남편이나 자식, 부모의 마음을 살피고 보필하는 데 주력하기 때문에 그렇게 몇 년을 지내다 보면 '나는 누구인가?', '내 인생은 어디에 있는가?', '이렇게 살아도 되는가?' 등 자신의 존재감에 대해 깊은 회의감에 빠지게 된다. 이에 반해 남편은 직장, 자녀는 학교에서 바쁜 나날을 보낸다. 하지만 전업주부는 가정이라는 한정된 공간에서 생활하므로 자신의 인생에 대해 의문을 갖기 쉽다.

특히 아이들이 자라 독립을 하기 시작하면 빈 둥지를 지키는 어미 새처럼 느껴져 '빈 둥지 증후군'에 빠지게 된다. 그런데 마침 이 시기는 여성의 갱년기와 맞물리는 때이다. 대부분의 여성들은 50세를 전후해 난소에서 분비되는 여성 호르몬이 줄고 폐경을 겪으면서 갱년기를 겪게 된다. 일반적으로 50세 전후에 폐경이 시작되지만 사람마다 시기는 다르다. 경우에 따라서는 여성 호르몬이 감소하기 시작하면서 바로 갱년기 증상을 겪기도 하고, 폐경이 된 5~6년 후에야 갱년기 증상을 겪기도 한다. 따라서 실제 여성에게 갱년기라 함은 40대에서 60대까지 다양한 연령대에 찾아올 수 있다.

여성의 갱년기 증상 중 가장 많은 이들이 호소하는 것은 얼굴이 달아오르는 것이다. 그 밖에 식은땀이 나거나 가슴이 두근거리기도 하며 관절통, 피부 건조, 요실금 같은 신체 증상이 나타난다. 이에 못지않게 불안, 초조, 불면, 우울 등 정신적인 증상도 발생한다. 실제 제일 흔한 갱년기 증상으로 알려진 안면홍조 다음으로 불편해하는 증상이 기억력 감퇴와 불면이다.

여성 호르몬인 에스트로겐은 감정이나 기억에도 관여하는데, 이 호르몬이 감소하면서 기억력이 감퇴하는 것이다. 그래서 가스레인지 위에 냄비를 올려놓고 깜박하거나 핸드폰을 손에 쥔 채 핸드폰을 찾아다녀 '혹시 조기 치매가 아닌가?' 의심하게 된다. 하지만 기억력 감퇴 등 뇌의 노화는 30대부터 점진적으로 이뤄져 온 것이며, 단지 호르몬의 변화가 더해져 일시적으로 기억력 감퇴가 더 크게 인식되는 것뿐이다. 따라서 어느 정도는 정상적인 증상으로 받아들이고 적응하려는 자세가 필요하다.

불면증 역시 흔한 증상인데 갱년기 증상이 밤에 더욱 심해지기 때문에 잠을 이루지 못하게 되는 것이다. 이러한 불면증이 반복되다 보면 '나는 잠을 못 자는 사람'이라는 인식이 강화돼 숙면을 방해하는 습관을 갖거나 일상화되면서 몸 안의 생체시계를 교란시켜 불면을 악화시키게 된다. 갱년기에 잠을 못 자 뇌가 충분히 쉬지 못하면 우울증이나 공황장애 같은 질병으로 발전할 수 있으므로 주의해야 한다.

갱년기 우울증은 서서히 증상이 발전해 오랫동안 지속되는 특징이 있다. 일반 우울증과 크게 다르지 않아서 슬프고 우울한 감정 외에도 재미있던 일들이 심드렁해지고 식욕이 줄거나 늘어 초조하고 괜한 죄책감마저 들기도 한다. 심하면 삶의 의욕을 잃고 자살에 이르기도 한다.

갱년기에는 공황장애가 생기는 경우도 있다. 가슴이 답답하고 두근거리며, 식은땀이 나고 열이 오르는 증상은 갱년기 증상과 유사하다. 하지만 죽을 것 같은 두려움이나 미칠 것 같은 공포감이 동반된다면 공황장애를 의심해봐야 한다. 손이 떨리고 식은땀이 나면 과도하게 남을 의식하게 돼 대인공포 증상이 발생하는 경우도 있다.

갱년기 우울이나 불안장애 모두 호르몬과 관련이 깊다. 여성 호르몬이 감소하면서 세로토닌 등 신경전달물질이 갑자기 줄어들어 감정의 변화를 겪는 것이다. 하지만 갱년기를 맞은 모든 여성들이 우울이나 불안장애를 겪는 것은 아니다. 호르몬의 변화에 어떻게 적응하느냐가 관건인데, 나이에 따른 호르몬의 변화는 자연스러운 신체의 변화이므로 예전과 다른 증상들이 나타나도 너무 당황할 필요는 없다. 우리 신체는 호르몬의 변화에 다시 적응하게 될테니 적응을 위해 잠시 과도기를 겪고 있는 것뿐이라고 생각하면 어느 정도 마음이 편해질 것이다. 대신 이 시기를 잘 넘길 수 있도록 옛 친구들을 만나거나 새로운 동호회 활동을 시작하는 등 뇌에 좋은 자극을 제공하는 지혜가 필요하다.

특히 잠을 못 자거나 잘 먹지 못해 일상생활이 불편하다면 병원을 찾아 항우울제와 항불안제 등의 처방을 받는 것이 좋다. 필요한 경우 여성 호르몬 복용이 도움이 되기도 한다. 하지만 약물복용과 함께 꾸준히 운동을 하며 햇볕을 자주 쬐는 것도 잊어서는 안 된다.

물론 부부만의 오붓한 시간을 가질 수 있다면 그보다 더 좋은 처방은 없을 것이다. 갱년기를 맞아 자녀 중심의 가정을 부부 중심의 가정으로 전환하는 것도 좋은 방법이다. 여성 갱년기는 신체적으로, 정신적으로 어려운 고개다. 하지만 이를 잘 극복하면 또 다른 인생의 행복을 맞게 될 것이다. 실제 아이들을 양육하느라 자신만의 시간을 갖지 못했던 주부들에게 갱년기는 안녕감을 느끼며 자신의 목표를 이루기 위한 좋은 기회가 될 수도 있다.

💡 공황장애란?

최근 몇몇 연예인들이 앓고 있거나 앓은 적이 있다고 고백함으로써 많은 이들의 관심을 불러일으키고 있는 공황장애는 공황발작이 반복되는 병을 의미한다. 공황발작은 다음의 13가지 증상 중 적어도 4개 이상 증상이 5~10분 사이에 갑자기 나타나 20~30분, 길어야 1시간 정도 지속되는 것을 말한다. 이러한 공황발작이 재발할 것을 두려워하는 것이 공황장애이며, 실제 반복적으로 나타난다.

📋 공황발작 진단 기준표

	✓
심장 두근거림	☐
땀이 많이 남	☐
손, 발이나 몸 떨림	☐
숨이 막힐 듯한 호흡곤란 및 흉부 압박감	☐
질식감	☐
어지러움	☐
메스껍거나 토할 것 같은 느낌	☐
자신을 조절하지 못하고 미칠 것 같은 느낌	☐
기절할 것 같은 느낌	☐
이인증(내가 아닌 것 같은 느낌을 받는 것), 비현실감(세상이 다른 세상처럼 느껴지는 것)	☐

죽을 것 같은 공포심	☐
감각 이상	☐
열감 또는 한기가 드는 것	☐

공황장애와 함께 자주 나타나는 것이 광장공포다. 공황장애 환자의 약 3분의 1에서 나타나며, 백화점, 엘리베이터, 지하철 등 공황발작이 일어났던 장소나 탈 것 등에서 공황발작이 또 나타날까 두려워 회피하는 것을 말한다. 공황장애만으로도 힘든데, 광장공포가 동반되면 실제 사회생활에 많은 제약을 받게 된다.

보통 25세 이후에 나타나는 것으로 알려져 있지만 전 연령대에서 나타날 수 있고, 우리나라의 경우 중·장년층에서 공황장애로 병원을 찾는 비중이 높은 편이다.

공황장애의 원인은 각종 스트레스로 알려져 있지만, 뇌의 청반핵이라는 곳의 변화와 자율신경계 변화, 가바(GABA), 노르에피네프린 등의 신경전달물질의 변화로 보고되고 있다. 또한 신체 증상에 과민하거나 어떤 일을 재앙적으로 사고하는 습관 등 심리적 요인도 공황장애를 유발할 수 있다. 죽을지도 모른다는 극단적인 생각을 자주 하는 사람들에게 잘 나타나는데, 실제 공황장애 환자들은 뇌졸중이나 심장병과 같은 심각한 신체질환 때문일 것이라 믿고 내과, 신경과 등을 전전하는 경우가 많다.

공황장애는 충분한 치료를 받지 않는 경우 만성화되거나 우울증이나 다른 불안장애, 알코올 중독, 약물중독이 2차적으로 나타나기 쉽기 때문에 가능한 빠른 치료가 필요하다. 다행히 공황장애 치료법은 많이 개발돼 있다. 정신치료 중에서는 인지행동치료가 주목받고 있어 약물치료와 함께 병행된다. 이런 치료법들은 효과가 우수한 편이지만, 충분히 치료받지 않거나 스트레스, 술, 담배에 지속적으로 노출되면 만성화되기도 한다.

상실감을 위로하는
대인관계치료

50대 후반의 김 씨는 세 자녀를 키우기 위해 음식점을 운영하며 고군분투했다. 남편은 꼬장꼬장한 성격에다 막상 생계는 김 씨가 도맡아 하는데도 늘 큰소리를 쳤다. 특히 집안일에 문제가 발생하면 김 씨를 탓하며 자신이 해결하곤 했다. 젊은 시절에는 참기만 하던 김 씨도 사소한 일까지 간섭하는 남편을 더 이상 참을 수 없어 맞서다 보니 부부싸움이 잦아졌다.

김 씨는 3년 전 막내아들을 장가보낸 후 자신의 의무를 다 했다는 생각에 음식점을 접고 여생을 즐기기로 했다. 고향 친구도 만나고 성당 모임에도 나갔지만 김 씨와 달리 우아하게 살아온 친구들과 맞지 않는다는 생각에 마음을 털어놓을 수 없었다.

그러던 중 여자가 어딜 싸돌아 다니냐며 비난하던 남편이 갑자기 뇌출혈로 사망했다. 평소 남편이 원망스러웠던 김 씨는 남편이 없으면 홀가분하게 잘 지낼 줄 알았는데 막상 남편이 없으니 마음이 허전하고 우울했다. 죄책감까지 들면서 밥도 챙겨먹지 않게 됐다. 자녀들은 다들 자기 사는 데 바

빴다. 여태껏 무엇을 위해 이렇게 열심히 살았나 싶어 우울했으며 사람들도 만나기 싫어졌다.

이런 김 씨에게 어떤 도움을 줄 수 있을까? 물론 약물치료 방법도 있지만 동시에 김 씨의 마음을 위로하고 활동을 격려하는 등 치료적 개입이 필요하다. 아울러 김 씨의 우울감은 상실에서 비롯된 것이기 때문에 이에 대해 좀 더 세심하게 접근해야 한다.

상실이라는 것은 여러 가지 개념을 포함하는데 자식들을 출가시키거나 학교를 졸업하는 등 좋은 헤어짐도 있고, 배우자의 죽음이나 갑작스런 퇴직 같은 원치 않은 헤어짐도 있다. 또한 이혼이나 별거처럼 내가 원해서 결정했더라도 그 과정이 힘든 경우에는 치료의 대상이 된다.

김 씨는 혼자 살게 되면서 실질적인 상실을 경험하고 있지만, 가까웠던 고향 친구들이 멀게 느껴지는 심리적 상실도 넓은 범위에서는 상실의 일종이다. 어쩌면 우리의 삶은 내가 가졌던 것을 다시 잃어버리는 과정일지도 모른다. 따라서 상실의 문제는 누구나 경험할 수 있는 것이다. 그러나 대인관계에서의 상실이 우울감과 우울증을 만들기 때문에 이런 경우 대인관계 치료가 도움이 될 수 있다.

대인관계치료는 흔히 상담치료, 면담치료라고 알고 있는 정신치료의 일종으로, 치료자와 환자가 일대일 면담을 진행한다. 과거의 정신치료는 호전될 때까지 1년이고 2년이고 지속됐지만 대인관계치료는 매회 1시간, 12번에서 16번 정도 시행하기로 환자와 약속한 뒤 진행한다.

대인관계치료는 치료자와 좋은 관계를 맺으며 환자의 우울감에 긍정적인 영향을 준다는 점에서 환자의 생각, 감정, 행동에 집중하는 인지행동치료와는 조금 다르다. 처음에는 부모나 친구를 잃은 상실의 문제를 겪은 청소년들이 새로운 대인관계를 맺는 데 도움을 주기 위해 개발되었지만 중년이나 노년기 우울증 환자들에게도 널리 쓰이고 있다. 왜냐하면 상실의 문제는 사실 중년기 이후에 더 많이 겪기 때문이다.

대인관계치료에서 가장 먼저 할 일은 적절한 애도 반응이다. 김 씨 같은 경우는 남편과 잘 지내지 못한 기억 때문에 오히려 더 죄책감에 시달리고 자신의 자리를 찾기 어려울 수 있다. 고인에 대해 그리워할 점은 건강하게 그리워할 수 있도록 추억을 왜곡하지 않게 도와줘야 한다. 괜한 죄책감을 가지는 것은 평소 김 씨가 남편에게 잘 해주지 못했기 때문인데 사실 그건 남편의 죽음과 전혀 상관이 없다. 어쩔 수 없었던 일임을 받아들이고 잘못된 죄책감을 덜어야 한다.

두 번째 단계는 역할 갈등에 관한 것이다. 김 씨의 경우 아내인데 생계를 책임지면서 겪었던 과거 마음속의 갈등을 다루어 주는 것이 그 예이다. 이런 역할 갈등이 운이 안 좋아서가 아니라 김 씨의 어릴 적 경험과도 관련 있지 않은지 되짚어본다. 많은 경우 현재의 대인관계는 과거의 대인관계 경험에서 영향을 받아 비슷한 양식이 반복될 가능성이 많다. 과거를 돌이켜보며 새로운 대인관계 양식을 구축한다.

세 번째는 역할 전환에 관한 것이다. 은퇴를 하거나 배우자를 상실한 경우 가정 내 역할이 이전과 달라지는 경우가 많은데 새로운 역할을 잘 받아들여야 한다. 사실 김 씨의 경우는 자녀도 있고, 경제적 여유도 있다. 이렇게 긍정적인 점을 부각시켜 보다 건강한 생활을 하도록 도와야 한다.

네 번째는 대인관계 결핍에 대한 것이다. 여기에는 앞으로의 행동 계획도 포함되는데 고향 친구들이 잘 안 맞는다면 무언가를 배우거나 다른 모임에 참가하는 등 대안을 찾아야 한다. 남편, 자녀가 전부가 아니므로 소원했던 형제들과 다시 연락을 취하거나 문화센터 등 취미활동에 참여함으로써 지속적인 대인관계를 형성하는 것이 우울감에서 벗어날 수 있도록 도와줄 것이다. 하지만 새로운 친구를 사귀려면 적절히 자신을 개방하고 감정을 표현하되 경청하는 법도 배워야 한다.

05

여성 갱년기 못지않은
남성 갱년기

50대 중반의 환자가 외래를 찾았다. 그는 어려운 가정에서 자라 대학을 졸업하고 남들이 부러워하는 대기업에 취직해 지금까지 열심히 살아왔다. 상사의 눈치가 보여도, 아랫사람들이 치고 올라와도, 아내와 자식들을 생각하며 이를 악물고 30년을 한 직장에서 일해온 것이다.

그런데 IMF 위기도, 글로벌 금융위기도 잘 견뎌온 그가 일주일 전 회사를 퇴직했다. 막상 퇴직을 하고 보니 빨리 사업을 시작해야 한다는 생각에 머리가 복잡하고 뭔가에 쫓기는 것만 같아 불안해졌다.

과거력을 자세히 들어보니 1~2년 전부터 부하직원들이 회식자리에 끼워주지 않아 소외감을 느꼈고, 대학생이 된 아들딸들은 언제부터인가 용돈 달라는 얘기 외에는 말을 걸지 않았다. 부부관계도 언제인지 기억이 나지 않지만 아내도 원하는 것 같지 않다고 말했다. 그 많던 친구들도 다들 어디 갔는지 모르겠다며 갑자기 외로워졌다고 호소했다.

내담자는 퇴사를 결심한 석 달 전부터 술을 마셔야 겨우 잠들 수 있었다. 술을 마시면 평소 그를 괴롭히던 두통도 잠잠해졌다. 주말에는 소파에 누워 멍하니 TV를 보지만, 이제는 그 내용조차 들어오지 않는다.

그에게 가장 큰 문제는 이러한 괴로움을 털어놓을 상대가 없다는 것이었다. 그에 반해 아내는 열심히 수영을 다니며 이웃들과 잘 어울렸다. 최근 아내는 살이 많이 쪘다며 내담자를 구박하곤 하는데 도무지 의욕이 생기지 않아 운동은 엄두도 나지 않았다. 어느 날 지하철을 기다리는데 집으로 돌아가 봤자 재미도 없고, 문득 '저 지하철에 뛰어들어버릴까?', '나는 이제 내 할 일을 다 했다'라는 생각이 들었다고 했다.

내담자는 남성 갱년기를 제대로 극복하지 못한 상태에서 퇴직 후 우울증을 겪게 된 것으로 판단된다. 남성 갱년기는 여성 갱년기에 비해 주목을 덜 받고 있는 것이 사실이다. 물론 남성은 여성의 폐경과 같이 뚜렷한 증상이 있는 것은 아니다. 하지만 40세 이후 고환의 기능이 저하되면서 남성 호르몬인 테스토스테론이 줄고 기능도 떨어지게 된다. 테스토스테론의 감소는 두뇌활동과 신체기능 저하를 불러 정신적, 육체적 변화를 일으킨다. 이것이 갱년기인데 남성은 여성에 비해 그 변화가 서서히 나타나기 때문에 적응이 쉬워 겉으로 잘 드러나지 않을 뿐, 남성에게도 갱년기는 찾아온다.

남성도 갱년기를 겪는다?

남성 갱년기 증상은 남성 호르몬이 줄어드는 반면, 여성 호르몬은 그대로라 상대적으로 남성 호르몬의 비율이 줄어들어 나타나는 경우가 많다. 사실 우리가 남성 호르몬이라 부르는 안드로겐과 여성 호르몬이라 부르는 에스트로겐, 프로게스테론은 양의 차이만 있을 뿐 남성과 여성 모두에게 존재한다. 흔히 중년이 되면 남성에게 여성성이 강해진다고 하는데, 여성 호르몬이 상대적으로 많아진다고 남성이 여성스러워지는 것은 아니니 걱정할 필요는 없다.

남성 갱년기의 대표적인 증상으로는 성욕 감퇴, 발기력 저하, 복부비만, 근육량 및 근력 감소, 골 밀도 감소, 이명과 같은 신체 증상을 들 수 있다. 이와 함께 우울증으로 사소한 일에 잘 삐치거나 섭섭하게 여기는 경우가 많으며, 의욕 감소, 기억력 및 집중력 감퇴 등 정신적인 증상도 찾아온다.

성욕의 감소와 성기능 저하는 남성에게 있어 심리적 위축을 가져오며 더 나아가 사회적 위축으로 이어질 수 있다. 또한 건강에 대한 과도한 걱정으로 각종 건강검진은 열심히 받지만 전반적인 삶의 의욕 저하로 정작 운동이나 식이조절 같은 건강관리에는 소홀한 경우가 많다.

평소 후회, 절망, 자책감 등의 감정을 제대로 해소하지 못하는 우리나라 남성들은 중년에 들어 우울감, 불안감을 악화시킬 수 있다. 이런 증상이 심해지면 우울증에 빠지게 되는데, 사실 40~50대 남성의 경우 우울증에 걸릴 경우 그 증상이 보다 심각하기 때문에 여성보다 자살률이 높은 것이 문제다. 따라서 가족 모두 중년 우울증에 대한 이해를 높여 이상 증후는 없는지 관심을 기울여야 한다.

중년기는 이와 같이 생물학적 변화를 겪는 동시에 사회활동이 정점에 달하는 매우 중요한 시기이므로 그만큼 강도 높은 스트레스를 받는다. 특히 한국 중년의 경우 특수한 가족관계 스트레스를 겪고 있다. 예를 들면 부모를 봉양하고 자식을 양육해야 하는 2중 역할 스트레스, 다양하고 복잡한 가족관계 스트레스, 특정 지위와 타인으로부터의 역할기대 스트레스, 무분별한 교육열이 빚은 기러기 아빠 스트레스, 주말부부가 돼야 하는 단신부임과 같은 특수상황 스트레스 등을 들 수 있다.

근로자의 직무 스트레스도 심각한데, 직장인 중 약 95%가 스트레스를 느끼고 있으며 22%는 심각한 수준이다. 근로자의 우울증 유병률이 15.9%라는 충격적인 보고도 있다. 그래서 우리나라의 40대 남성 사망률이 다른 나라에 비해 높은 것이다.

중년기에는 환경변화에 따른 위기감으로 인성의 혼란을 겪을 수 있다. 우리나라 남성들은 어려서부터 감정을 억제하도록 교육받았기 때문에 감정 표현에 서투른 편이다. 따라서 불안감, 분노, 두려움의 감정 조절에 어려움을 느낄 수 있다. 특히 과도한 헌신과 희생을 요구하는 경쟁지향적인 사회풍토와 새로운 아버지상, 남편상의 출현은 중년 남성들에게 심각한 고통을 유발하고 있다.

나를 적극적으로 표현하자

남성 갱년기 증상이 심할 경우 여성과 마찬가지로 남성 호르몬을 투여 받는 방법이 있다. 이는 알약, 주사, 패치 등으로 투여 받을 수 있으며 동맥경화증, 높은 콜레스테롤, 낮아진 성욕 등을 제자리로 돌려놓는

데 효과적이다. 하지만 호르몬 치료 시 여성에게 유방암 발발 우려가 있듯이, 남성도 전립선암이나 간암이 발병할 수 있으므로 주의해야 한다. 또한 갱년기 증상으로 시작돼 우울증이나 불안장애로 발전한 경우에는 항우울제나 항불안제와 같은 약물치료를 받는 것이 좋다.

그러나 약물치료를 시도하기 전에 가정에서 시도해볼 수 있는 방법도 많다. 남성 호르몬이 감소하면 고혈압이나 심장질환의 위험이 증가하기 때문에 육류 위주의 식단을 줄이고, 채소와 과일을 섭취하는 것이 남성 갱년기를 극복하는 데 도움이 된다. 육류에는 불포화 지방산이 많아 남성 호르몬의 수치를 더욱 떨어뜨리기 때문이다.

술의 경우, 일단 마시면 그 당시는 기분이 좋아져 사례에서처럼 마치 증상이 완화된 것처럼 느낄 수 있으나 오히려 성기능을 저하시키고 술에서 깼을 때 불안 증상을 더욱 심하게 만든다. 그 결과 술 없이는 잠들 수 없는 지경에 이르게 된다. 따라서 힘들어도 술을 줄이거나 끊는 것이 남성 갱년기를 극복하는 데 도움이 된다.

담배가 폐암이나 심장질환의 원인이 된다는 것은 모두 잘 알고 있을 것이다. 그런데 담배는 음경의 혈류를 감소시켜 발기부전의 원인이 되기도 하므로, 건강한 성생활을 위해서는 금연하는 것이 좋을 것이다. 한편, 갱년기를 맞은 많은 부부들은 성생활에 무기력감을 느끼는 경우가 많다. 하지만 정작 이에 대해 진지하게 대화를 나누거나 해결하려는 자세가 부족한 것이 사실이다. 한 번의 좌절이 심각한 성기능 장애로 이어질 수 있으므로 배우자에 대한 격려와 배려가 그 어떤 약물보다 중요하다.

　사실 남성 갱년기 증상에 대한 가장 좋은 치유법은 자신의 상태를 말로 표현하는 것이다. 특히 우리나라 50대 남성들은 가부장적인 가정환경에서 자란 탓에 말을 많이 하거나 자신의 감정을 솔직하게 표현하는 것을 남자답지 못하다고 여긴다. 치열한 경쟁사회 속에서 마음 터놓고 이야기할 상대가 없는 것도 사실이다. 그러나 이제까지 자신의 감정을 희생하며 살아왔다고 앞으로도 그렇게 살 필요는 없다. 오히려 열심히 살아왔으니 남의 도움을 받아도 될 것이다. 건강한 가정을 위해 가족과 대화를 늘리는 것도 이 시대의 가장에게 요구되는 새로운 역할이다.

　하지만 대부분의 중년 남성들은 감정을 드러내는 데 익숙하지 않아 우울증이 심각한 지경에 이르렀는데도 병원을 찾는 것을 부끄럽게 여기는 경우가 많다. 혹은 일에 치여 치료받을 시간이 없는 사람도 많다. 또한 어렵게 병원을 내방해도 전문의와 상담하는 과정에서 적극적으로 감정을 밝히지 못하거나 거부감을 가져 제대로 치료받지 못하는 경우가 부지기수다. 마음의 병을 치료하고 싶다면 자신의 마음을 깊이 들여다보고, 이를 허심탄회하게 털어놓을 수 있는 용기가 필요하다.

　다행인 점은 치료를 받으려는 자세만 갖는다면 비교적 치료가 잘 된다는 점이다. 이는 자신의 문제를 알고 개선하려는 의지가 생겼기 때문이다. 자신은 물론 가족의 이해가 중요한 것도 이 때문이다.

일상생활에서의
우울증 극복법

효과적인 우울증 치료방법으로 약물 외에 운동과 독서치료, 광치료, 각종 정신치료 등이 있다. 물론 정신치료는 치료사가 필요한 방법이므로 본서에서는 환자 스스로 할 수 있는 방법들을 소개하겠다.

운동

여기서 운동이란 휴식 상태와 비교해 에너지 소비를 높이는 모든 신체활동을 의미한다. 즉, 일상생활, 집안활동, 걷기, 뛰기 등 여러 활동을 지칭한다. 운동이 우울증에 도움이 된다는 것은 100여 년 전인 1900년대 초부터 알려져 왔다. 따라서 오랜 기간 의사들은 우울증 환자들에게 활동량을 늘릴 것을 권해왔다. 최근에는 영국의 일반의들을 위한 진료지침에서도 경도에서 중등도의 우울증 환자에게 1차 치료법으로 운동을 권고하고 있다.

특히 구조화된 운동이 효과적이라고 하는데 구조화된 운동이란 예비심박 수 즉, 최대 심박 수에서 안정 상태의 심박 수를 뺀 수에서 70~80%

의 에너지 소비를 할 정도의 강도로 주 3회 이상, 30~40분간 운동하는 것을 말한다. 이는 거의 매일 수행하는 30분 이상의 중등도 강도의 신체활동과 유사한 정도의 운동이다. 일반적으로 약간 숨이 찰 정도의 강도로 매일 30분 이상 걷는 것과 유사하다.

물론 개인에 따라 어떤 운동을 얼마나 하는 것이 도움이 될 것인가는 제시할만한 근거가 부족하다. 그러나 종합해보면 지금까지 연구들은 무산소 운동보다는 유산소 운동의 효과에 대한 연구가 더 많다.

주 3회 이상, 회당 30분 이상, 1주일에 적어도 몸무게 1kg당 17kcal의 에너지 소모를 할 수 있을 정도의 운동이 우울증에 효과적이라는 보고도 있다. 또한 저 강도의 운동의 경우에는 주 5회, 회당 30분씩은 해야 한다는 보고도 있다.

따라서 적어도 경도에서 중등도 우울증의 경우, 적당한 운동은 우울증의 치료 및 재발 방지에 효과적일 것으로 예상된다. 그러나 운동이 환자에게 어떤 영향을 줄지, 환자가 운동요법을 견딜만한 정신적, 신체적 준비가 되었는지 등에 대해 주치의의 면밀한 평가가 우선돼야 한다. 이후 약물치료 등 효과가 분명한 치료를 하면서 동시에 운동요법이 부가적으로 진행돼야 한다.

독서치료란 일반적으로 문서를 읽도록 함으로써 정서적 어려움이 있는 개인이나 정신질환자를 돕거나 정신적 문제가 없더라도 개인의 인격적 발전이나 수양 등에 도움을 주는 것을 말한다. 독서치료는 이미 1930년대부터 도서관 사서들이 개인의 생각이나 감정, 행동 등을 변화시키기 위한 목적으로 관련 서적을 정리하고 편집하면서 시작됐다. 이때 사용되는 책들은 주로 인지행동치료에 근거를 둔 서적들이다.

햇빛이나 광치료기를 이용한 광치료도 환자 스스로 할 수 있는 우울증 극복 방법이다. 꼭 광치료기를 사용하지 않더라도 아침에 해가 뜨는 양지바른 곳에서 약 30분 이상 햇볕을 쪼이면 기분이 좋아지고 많은 우울증 환자들이 고통스러워하는 불면증도 줄어드는 일석이조의 효과가 있다.

광치료와 유사한 규칙적인 생활리듬도 스스로 기분을 조절하는 데 도움을 준다. 이는 생활리듬 치료라 불린다. 일정한 시간에 잠을 자고 식사하고 활동량을 비교적 규칙적으로 유지하는 것이 우울한 기분에 빠지지 않거나 우울한 기분에서 빠져 나올 수 있는 방법이라는 것이다.

많은 우울증 환자들은 스스로 할 수 있는 일은 아무 것도 없다는 매우 부정적인 생각들에 사로 잡혀 있다. 이때 운동이나 독서, 햇볕 쬐기, 규칙적으로 생활하기 등 일상에서 스스로 할 수 있는 일들이 있으며, 이들이 기존의 치료에 부가적인 도움을 줄 수 있다는 사실을 알게 되면 부정적인 생각에서 벗어날 수 있을 것이다.

Part. 3

유·아동 자녀를 위한 마인드 클리닉

인간은 주요 양육자와의 애착관계를 통해
'기본 신뢰(Basic Trust)'를 구축, 세상은 살만한 곳이라는 믿음과
타인에 대한 신뢰감, 그리고 자신은 아주 중요한 존재라는
자존감을 갖게 된다. 하지만 우리에게는 부모 결정권이 없다.
우리가 스스로 할 수 있는 것은 훌륭한 부모가 돼 자식을 잘 양육하는 것뿐이다.

01

아이의 문제는
100% 부모의 문제다

> 김 군은 부잣집에서 유복하게 자랐다. 그러나 10대 이후 친구 없이 외톨이로 지내다가 마침내 망상과 환청을 동반한 우울증세로 병원을 찾았다. 자세히 이야기를 들어 보니 부유한 가정환경이 문제였다. 어려서부터 남들은 한 번 만져보기도 어려운 외국의 값비싼 로봇을 비롯해 좋다는 각종 놀잇감들이 집안에 가득하니 굳이 밖에 나갈 필요가 없었던 것이다. 김 군은 친구들과 노는 것보다 장난감과 노는 것이 훨씬 재미있었다. 그 결과 김 군은 친구들과 어울리는 법을 배우지 못했고, 결국 조현병과 우울증이라는 병을 얻고 말았다.

김 군의 사례는 10년이 더 되었지만 아직도 잊을 수 없다. 김 군의 부모는 아이를 위해 풍족한 환경을 제공해주었지만 그것이 아이에게 독이 된 것이다. 이렇게 '아이를 어떻게 키워야 하는가'는 수많은 부모들에게 가장 큰 고민거리다. 사실, 우리는 결혼 후 아이를 낳으면 저절로 부모가 되는 것으로 여겨 자녀양육에 대해 특별히 공부할 생각을 하지 않는다. 그래서 교양을 갖춘 부모, 그리고 중산층 가정이라는 소위 겉보기에 정상적인 가정에서 큰 어려움 없이 자란 아이들 중에서도 가출이나 등교 거부가 심심찮게 발생한다.

아이들이 문제를 일으키는 경우, 어떤 부모들은 해달라는 대로 다 해줬는데 뭐가 부족해서 말썽이냐며 아이를 몰아세우기도 하고, 단순한 사춘기 열병으로 여겨 대수롭지 않게 넘어가기도 한다. 하지만 아이에게 이상 행동이 발견되면 왜 그러는 것인지 먼저 아이의 마음을 헤아려 보아야 한다. 그리고 쉽지 않겠지만 올바른 방향으로 이끌어주는 것이 부모의 역할이다.

시중에는 이미 수많은 자녀 교육서, 양육서들이 넘쳐나고 있다. 이들이 공통적으로 주장하는 점을 꼽자면 부모는 자녀양육을 위해 민감성, 반응성, 일관성을 갖춰야 한다는 것이다.

올바른 자녀양육을 위한 3대 기본 소양

▎ 민감성

부모는 아이에게 지속적인 관심을 기울여 아이가 무엇을 원하고 좋아하는지 알아야 한다. 그러려면 예민하게 촉수를 곤두세우고 있어야 한다. 다행히 예로부터 우리나라 부모들은 민감성에 있어서는 세계 으뜸이다. 어딜 가나 아이를 안고 업고 다니는 데다, 밤에도 옆에 끼고 자기 때문에 아이가 조금이라도 평소와 다른 행동을 보이면 금방 알아차릴 수 있었다.

몇 해 전 서구에서 아이의 울음소리를 들려주면 아이가 왜 우는지 알려주는 기계가 발명된 적이 있다. 이 이야기를 전해들은 한 어머니는 그런 기계가 왜 필요한지 모르겠다며 의아해했다. 우리나라 어머니들은 아이의 울음소리를 들으면 아이가 배가 고픈지, 심심한지, 아니면 어디가 아픈 것인지 바로 알아차릴 수 있기 때문이다. 그만큼 우리 어머니들은 아이에 대한 민감성이 뛰어나다.

하지만 그도 이제 옛 말이 됐다. 바쁜 현대 한국의 어머니들은 울음소리만으로 아이의 상태를 구별하지 못하는 경우가 많아졌다.

▌ 반응성

아이의 요구를 파악했으면 행동으로 반응해줘야 한다. 물론 무조건 들어주라는 이야기는 아니다. 이때의 반응은 아이의 요구를 적절히 만족시키는 수준이어야 하는데, 부모가 어떤 애착 형태를 갖고 있느냐에 따라 반응성에도 차이가 있다.

소아 정신의학 전문가들은 12개월까지는 무조건 아이가 원하는 대로 응해줘야 하고, 그 이후에는 아이에게 최선의 방법을 선택하되 아이와 합의를 통해 반응의 수위를 정하는 것이 좋다고 충고한다. 물론 한 살짜리 아이와 의견을 조율하는 것이 쉬운 일은 아닐 것이다. 하지만 의사소통이 어느 정도 이뤄지는 연령이 되면 아이에게 안 되는 이유를 설명해

주며 요구를 적절히 조정하는 것이 아이의 올바른 성장을 위해 좋다. 때론 아이의 요구에 너무 과민하게 반응하기도 하는데 이는 과잉보호를 부를 수 있다.

민감하게 알아차리고 행동으로 반응하되 일관된 태도를 보여야 한다. 언제나 일관성을 유지하는 것은 어려운 일이지만 적어도 일관성을 유지하기 위해 노력해야 한다. 그러나 실생활에서는 부모도 사람인지라 상황에 따라 즉, 감정이나 건강, 스트레스 정도에 따라 아이에 대한 태도가 달라진다. 일관되지 못한 반응에 자주 노출되면 아이가 바라보는 부모나 어른의 상이 비뚤어지기 쉽고, 그 결과 기본적인 신뢰 및 자아 형성에 악영향을 줄 수 있다.

우리 엄마, 아빠가 달라졌어요

아이의 문제는 100% 부모와의 관계에서 생긴다고 한다. '아이는 언제나 옳다'라는 제목의 책도 있듯이, 나도 본래 아이들에게는 정신적인 문제가 없다고 믿는다. 대개는 부모의 양육 태도나 주위 환경에 의해 문제가 발생하는 것이다. 몇 해 전 방영되었던 '우리 아이가 달라졌어요'라는 방송 프로그램을 보면 대부분 아이가 달라지기 전에 부모가 먼저 변하는 것을 목격할 수 있었다. 그래서 그 당시 나는 농담처럼 프로그램 제목을 '우리 엄마, 아빠가 달라졌어요'라고 바꿔야 하는 게 아니냐고 말하곤 했다.

부모의 양육 태도는 자녀의 인성에 지대한 영향을 미칠 뿐 아니라, 자식을 통해 다음 세대로 대물림된다. 자녀양육법을 특별히 교육받지 않는 한, 의도하든 의도하지 않든 부모에게 보고 배운 대로 자녀를 양육하기 때문이다. 그래서 자신도 모르게 유년시절에 겪은 불행한 기억을 자녀에게도 만들어줄 수 있다. 따라서 부모와 겪었던 과거의 경험이 현재의 나에게 어떠한 영향을 주는지 깊이 생각해보는 것이 아이를 키우는 출발점이다.

또한 지금 자신의 양육법이 손자, 손녀, 그리고 더 나아가 증손자, 고손자에까지 영향을 미칠 수 있음을 유념해야 한다. 양육은 한 가정, 한 세대의 문제가 아니라 그 이상이다. 그래서 결혼 전에 배우자의 부모를 보면 상대가 어떤 부모가 될 지 어느 정도 가늠할 수 있다.

다음 장에서 자세히 소개하겠지만 유아기 때는 부모와 안정적인 애착관계를 형성하는 것이 가장 중요하다. 민감성, 반응성, 일관성도 안정된 애착관계를 구축하기 위한 것이다. 그런데 이러한 애착관계는 아이 스스로 만들 수 있는 것이 아니라 부모가 만들어줘야 한다. 대개는 부모가 갖고 있는 애착관계를 아이에게 그대로 물려주게 된다.

예를 들어, 냉정하고 무뚝뚝한 엄마에 의해 혼자 남겨진 아이는 냉담한 아이로 자라기 쉽다. 또한 아이를 잘 돌보지 않고 일관성이 없는 엄마는 아이를 혼란스럽게 만들 수 있으며, 아이를 과잉보호하는 엄마는 아이를 불안하게 만든다. 따라서 부모로서 자녀에게 안정된 애착관계를 물려주기 위해 노력해야 한다.

하지만 양육에는 또 다른 변수가 있다. 아이의 기질 문제다. 아이가 어려서부터 부모의 말을 잘 듣고 양순하다면 부모도 아이에게 자상하게 대할 가능성이 높다. 그러나 까다로운 기질을 타고난 아이는 양육이 서툰 부모에게 스트레스를 주고, 양육자로서 자신감을 잃은 부모는 애정표현에 인색해지거나 강압적으로 양육할 가능성이 높다. 이렇게 아이와의 역학 관계를 자세히 들여다보며 항상 자신의 양육 태도를 점검해야 한다.

정신건강의학과를 찾는 사람들 중에 유년기에 부모를 잘 못 만나 고생이 많았다는 이들이 많다. 그리고 성인이 돼서는 자식 때문에 마음고생이 심하다고 말한다. 안타깝게도 잘못된 양육법이 대물림되면서 불행의 악순환을 겪은 것이다.

아이에겐 부모 결정권이 없다

소아정신과 전문의인 노경선 박사는 총명한 아이로 키우려면 감정, 지각, 느낌, 기억을 총동원해 아이와 열심히 놀아줘야 한다고 주장했다. 아이들은 놀이를 통해 감각을 익히며 뇌의 발달에 필요한 자극을 제공받기 때문이다. 따라서 연령에 맞는 좋은 놀이를 가르쳐줘야 한다. 놀이치료는 소아정신과의 중요한 치료 기법 중 하나이기도 하다.

부모가 아이와 성심성의껏 놀아줄 때 비로소 아이는 타고난 기능을 제대로 발달시킬 수 있다. 놀이라는 과정을 통해 좋은 자극을 풍부하게 받은 아이는 신체의 모든 기관이 고루 발달하며, 그 모든 경험이 뇌에 좋은 기억으로 남아 이후 감정이 풍부한 아이, 다른 사람들과 잘 어울리는 아이, 머리가 좋은 아이로 성장할 수 있다.

아이의 놀이는 일방적으로 결정하기보다 아이가 원하는 놀이가 무엇인지, 전문가들이 추천하는 그 나이에 맞는 놀이는 무엇인지 알아보고 아이의 반응을 살피며 정하는 것이 좋다. 아무리 좋은 놀이라도 아이의 기질이나 발달과정에 맞지 않을 수 있기 때문이다. 그리고 또래친구들과 어울려 노는 법도 가르쳐줘야 사회성을 기를 수 있다.

많은 부모들의 자녀양육 고민 중 하나가 체벌의 문제다. 이 문제에 대한 답은 탤런트 김혜자 씨가 명쾌하게 내려 준 적이 있다. 바로 '꽃으로도 때리지 마라'고 말이다. 1990년대까지 정신의학계에서도 이에 대한 논란이 있었다. 그러나 결론은 때려서 해결되는 경우는 거의 없다는 것이다.

아이가 분노 발작을 일으키는 경우에도 분노하는 아이를 때리기보다 꼭 껴안아 주는 것이 더 좋은 방법이다. 때린다고 그 분노를 해결할 수 있는 것은 아니기 때문이다. 그러나 예외 없는 법칙이 없듯이, 아이가 위험상황에 빠지는 것을 막기 위해서는 체벌도 허용될 수 있다. 예를 들어 아이가 자신을 해치려 하는데 이를 막을 방법이 아이를 때리는 것밖에 없다면 때려서라도 아이가 죽거나 다치는 것을 막아야 할 것이다.

흔히 부모를 잘 만나야 한다는 이야기를 한다. 이는 부모의 교육, 학력이나 재산을 말하는 것이 아니라 부모의 양육이 그만큼 중요하다는 말이다. 그러나 아이들에게는 부모 결정권이 없다. 따라서 우리가 스스로 할 수 있는 것은 훌륭한 부모가 돼 자식을 잘 양육하는 것뿐이다.

02

아이의 평생을 좌우하는 애착

애착이란 다른 사람과 정서적으로 좋은 유대관계를 맺는 것을 말한다. 갓 부화한 새끼 오리는 세상에서 처음 만난 존재를 어미로 알고 필사적으로 쫓아다닌다. 이는 비단 새끼 오리만의 일이 아니다. 인간도 생후 36개월까지는 부모 등 양육자와 좋은 애착관계를 형성해야 한다. 이러한 애착의 형성과 발달은 진화론적 필요에 근거한 것이라는 설명도 있다. 강보에 쌓인 아기의 눈에는 배고플 때 젖을 주고, 외로울 때 놀아주는 양육자가 세상의 전부일 수밖에 없다. 그래서 유아의 신체적, 정서적 생존과 발달을 위해 양육자와 애착관계가 필수라는 것이다.

그런데 이 시기에 형성된 애착은 아이가 자라 세상을 살아가는 데 가장 중요한 토대가 된다고 해도 과언이 아니다. 인간은 첫 양육자와의 애착관계를 통해 '기본신뢰(Basic Trust, 세상이 안전하다는 느낌)'를 구축하게 되는데, 안정적으로 양육자와 애착관계를 이룬 아이는 세상은 살 만한 곳이라는 믿음과 타인에 대한 신뢰감, 그리고 자신은 아주 중요한 존재라는 자존감을 갖게 된다. 그 결과 살아가면서 어떤 문제에 직면해도 잘 해결해나갈 수 있을 것이라는 자신감과 긍정적인 자아상을 갖게 된다.

또한 안정적인 애착을 이룬 아이들은 호기심과 융통성을 길러 낯선 곳에 가도 무서움이 덜하며, 오히려 새로운 것을 적극적으로 탐색하는 경향이 있다. 물론 또래아이들이나 다른 어른들과 자발적으로 친밀한 관계를 맺는 등 사회적 상호작용도 원만하게 잘 해나간다.

반대로 안정적인 애착을 이루지 못한 아이들은 유아기가 지나도 엄마 곁에 붙어 있으려고 떼를 쓰고 짜증을 내는 경향이 있다. 또한 성장 후에는 분노를 통제하지 못해 공격적인 행동을 보이고, 사회적 적응력이 부족하기 쉽다. 게다가 다른 형제에게 질투가 많고 경쟁적이어서 함께 잘 지내지 못하는 경우가 많다. 학교에서도 친구보다는 엄마나 교사에게 의존하는 경향이 있으며, 자기 존중감이 떨어져 불안해하거나 우울감을 느낀다.

'케빈에 대하여'라는 영화는 육아에 서툴렀던 엄마에게서 충분한 사랑을 받지 못한 아들이 결국 반사회적 인격장애자인 소시오패스가 돼 끔찍한 사건을 저지른다는 내용이다. 다소 극단적이긴 하지만 엄마와 아이의 그릇된 애착관계가 아이의 인성에 얼마나 치명적인 영향을 미치는가를 잘 보여준다.

평소 아이가 애착관계를 잘 형성하고 있는지 눈여겨봐야 한다. 예를 들어 생후 4개월이 지나면 아이는 사람을 보며 미소를 짓는다. 이를 '사회적 미소'라고 하는데 6개월이 지나도 사회적 미소가 나타나지 않거나 자신을 돌봐주는 양육자와 다른 사람을 구별하지 못하는 경우, 그리고 엄마와 떨어져도 별로 불안해하지 않거나 전혀 개의치 않고 혼자 잘 노는 경우, 새로운 사람에게 보여야 할 정상적인 낯가림이 전혀 없는 경우는 애착에 이상이 있는 것은 아닌지 의심해봐야 한다.

애착의 유형은 어떻게 측정하나

그렇다면 우리 아이가 정상적인 애착관계를 형성하고 있는지 무척 궁금할 것이다. 이는 메리 에인즈워스라는 심리학자가 개발한 '낯선 상황 절차'라는 실험을 통해 알아볼 수 있다. 12~18개월 영아를 대상으로 실시되는 이 표준화된 절차는 전 세계에서 사용하는 것으로 타당도와 신뢰도가 높은 도구이다. 전 과정은 8개의 에피소드로 구성되고 각 에피소드는 3분간 계속된다.

> **애착관계를 측정하는 낯선 상황 절차**
> * 제1에피소드 : 엄마와 아이가 낯선 놀이방에 들어간다.
> * 제2에피소드 : 아이가 장난감을 갖고 노는 동안 엄마는 아이를 관찰한다.
> * 제3에피소드 : 낯선 사람이 들어오면 일반적으로 아이는 낯선 사람에게 호기심이나 약간의 불안을 나타내고 엄마에게 다가가거나 놀이를 중단한다. 2분 경과 후 낯선 사람이 친근하게 아이와 접촉을 시도한다.

- 제4에피소드 : 엄마는 아이에게 나간다는 말 없이 방을 나간다. 아이는 엄마를 따라가거나 엄마를 부르며 울기 시작한다. 낯선 사람은 아이를 달래거나 다시 놀이를 시작하려는 노력과 시도를 하지만 좀처럼 달래기 어려운 경우가 많다.

- 제5에피소드 : 3분 동안 분리 후 엄마가 다시 방으로 들어와 아이를 안아주고 위로한다. 아이가 조용해지면 엄마는 아이가 다시 놀이를 시작하게 한다. 보통 아이들은 스스로 놀이로 돌아갈 수 있다. 이후 낯선 사람은 방을 떠난다.

- 제6에피소드 : 두 번째 분리가 이루어진다. 엄마는 '잘 있어, 곧 돌아올께'라는 말을 한 후 방을 나간다. 처음의 분리에 의해 이미 애착 체계가 활성화돼 있는 아이가 더 강한 분리 반응을 나타낸다. 아이는 엄마를 따라가거나 엄마를 부르고 울기 시작하며 정서적으로 괴로운 신호를 보낸다.

- 제7에피소드 : 3분 분리 후 엄마 대신 낯선 사람이 다시 방에 들어와 아이를 위로하거나 아이의 관심을 다른 곳으로 돌리려고 애쓴다.

- 제8에피소드 : 엄마가 들어온다. 아이가 울거나 엄마에게 접근하면 엄마는 아이를 안아주며 위로한다. 많은 아이들은 비교적 짧은 시간, 보통 3분 정도의 위로를 받으면 놀이로 되돌아간다.

위와 같은 낯선 상황 절차를 통해 영아기 애착의 질적 특성을 확인할 수 있는데, 애착의 종류는 안정된 애착, 회피적 애착, 양가적 애착, 혼란된 애착으로 나눌 수 있다.

▎ 안정된(secure) 애착

유아의 60% 정도가 안정된 애착을 이루고 있다. 이 경우 낯선 상황에서 엄마와 분리됐을 때 분명한 애착행동을 보인다. 아이는 엄마를 부르며 따라가려 하거나 고집스럽게 엄마를 찾는 등 대부분의 아이들이 울며 슬픔을 표시한다. 그러다 엄마가 되돌아오면 팔을 뻗어 엄마와 접촉하려고 하거나 위로 받으려 한다. 이후 편안함을 느껴 다시 놀이로 돌아간다.

이들의 부모는 유아의 요구에 일관되고 민감하게 반응하고 거절보다는 수용을, 통제보다는 협동을, 냉담함보다는 공감과 존중으로 양육한다. 이로 인해 안정된 애착을 형성한 유아는 적절한 인지적, 감정적 발달을 이룰 수 있다.

▌회피적(avoidant) 애착

부모와 분리돼도 저항하지 않으며 엄마를 따라가려 하는 등 분명한 애착행동을 보이지 않는다. 일반적으로 놀이도 계속 한다. 엄마가 방을 나갈 때 때로는 눈으로 엄마를 따라감으로써 엄마가 나가는 것을 인지하고 있다. 이 유형의 아이들은 엄마가 돌아오면 안아달라고 요구하지 않으며, 강한 신체 접촉도 보이지 않는다.

이 유형의 부모는 아이의 요구를 잘 들어주지 않거나 너무 일찍 독립심을 심어주려는 경향이 있어 아이도 부모를 외면하는 것이다. 거부적 양육 시 유아는 애착행동과 진짜 감정을 억제하고, 욕구와 분노의 표현도 억제하도록 훈련된다. 이 유형의 유아는 결국 인지적 정보에 과도하게 의존해 눈치 보는 아이로 자라거나 공격적인 성향을 띨 가능성이 높다.

▌양가적(ambivalent / resistant) 애착

이 경우는 엄마와의 분리 후에 가장 큰 슬픔을 나타내며 울기 때문에 되돌아온 엄마들은 아이를 달래는 데 애를 먹는다. 정서적 평형 상태로 되돌아가는 데 오랜 시간이 걸리고 수분이 경과된 후에도 놀이로 되돌아가지 못한다. 엄마가 안아주면 아이는 신체 접촉을 원하고 엄마와 가까워지고 싶어 하면서도 엄마를 외면하거나 때리는 등 공격적으로 행동하기 때문에 양가적이라고 말하는 것이다.

아이가 양가적 애착을 보이는 이유는 부모들이 일관성이 떨어져 예측하기 어렵기 때문이다. 그래서 최대한 부모 곁에 붙어 있기 위해 과민한 반응을 보이는 것이다. 이런 아이들은 자율성이 떨어져 의존적인 아이로 자라기 쉽다.

▌혼란된(disorganized / disoriented) 애착

분리 후 다시 엄마를 만났을 때 엄마에게 달려가다가 도중에 잠시 멈춘 다음, 반대 방향으로 돌아 멀리 도망치는 등 혼란스러운 행동을 보인다. 때론 '얼어붙은' 것처럼 행동하기도 한다. 이는 이전에 학대 등으로 정신건강에 문제가 있는 것이다. 특히 얼어붙은 듯 가만히 있거나 동작과 표정이 느려지는 것은 부모에 대한 두려움의 표시다. 이런 아이의 부모는 심각한 정신적 문제를 겪고 있는 경우가 많다고 한다.

N. 카플란 박사 등은 연구를 통해 부모의 정서 상태와 낯선 상황 절차에서 보였던 자녀의 행동과 애착이 밀접한 연관성을 갖는다는 것을 발견했다. 특히 애착에 대한 부모의 아동기 경험이 자녀의 애착에 어

떻게 영향을 미치는가를 연구했다. 카플란 박사는 성인 애착 면접(AAI, Adult Attachment Interview)을 통해 75%의 정확도로 부모의 아동기 경험으로 유아의 낯선 상황 유형을 예측했는데, 이는 앞 장에서 설명했듯이 애착 형태가 세대 간 대물림된다는 점을 시사한다.

예를 들면 안정된 부모들은 행동과 정서의 범위가 넓고 자신의 주의를 기울이는 데 거리낄 것이 없기 때문에 유아가 보내는 신호에 민감하게 반응하므로 유아도 안정된 애착을 형성하게 된다.

애착과 정신병리의 상관관계는?

많은 연구들을 통해 불안정한 애착이 특정한 정신병리와 상관관계를 갖고 있는 것으로 밝혀졌다. 예를 들어 양가적 애착 유형은 광장공포증, 동물공포증, 분리불안 및 학교공포증과 상관관계가 있음이 입증됐다.

품행장애의 경우 부모의 관심을 유발하려는 전략으로 해석되기도 한다. 특히 분리불안 및 학교 공포증에서 엄마가 아이에게 강력한 애착 욕구를 유발시키면서 아이가 보이는 정서적, 신체적 발달의 사소한 변화에도 걱정하는 일종의 과민한 조절자로 행동하기 때문에, 엄마는 아동이 원하는 탐색과 자율에 대한 욕구를 제한하게 된다.

한편, 부모의 질병이 영아나 어린 아동의 애착 발달에 부정적인 요인으로 작용할 것이라는 가정 하에 우울증이나 조현병 부모의 자녀에 대한 연구가 많이 실시되고 있다. 이러한 부모의 아동들은 불안정한 애착이 높은 편이라고 한다. 특히, 우울증이 있는 어머니는 자녀의 요구에 민감하게 반응할 수 있는 에너지가 부족하기 때문에 자녀들의 안전기지(존 볼비 박사가 설명한 것으로 전쟁고아들을 오랜 기간 관찰한 결과, 어려서 버려진 느낌을 받은 아이들은 세상이 안전한 곳이라는 느낌 즉, 안전기지의 느낌을 받지 못해 항상 불안하고 경계심을 보이기 쉽다고 한다) 역할을 제대로 할 수 없다. 그 결과 아동의 애착 및 탐색, 자율 욕구를 적절하게 충족시켜주지 못해 아동이 과도한 정서적 부담을 느낄 때 우울증에 걸릴 확률이 높아진다고 한다.

장기 추적연구들에 따르면 혼란된 애착의 아이는 성장 후 경계성 성격장애, 아동기의 외상적 성적 학대 후의 광장공포증, 청소년기의 자살 행동, 산후 우울증, 정신병에 취약한 것으로 관찰됐다. 한편, 회피적, 양가적, 혼란된 애착의 아이는 안정된 아이에 비해 스트레스 호르몬인 코티솔이 현저하게 증가한다는 연구 결과도 있다.

정신장애 진단 체계에서 애착장애의 대표적 질환은 반응성 애착장애(Reactive Attachment Disorder)로, 이 중에는 억제형과 탈 억제형이 있다. 억제형은 성인과의 애착 형성에 대단히 저항적이고 애착 인물에 대해 양가적이며 공포심이 강하다. 반대로 탈 억제형은 아무에게나 무차별적으로 애착을 형성하는 경우다. 억제형의 아동은 지나치게 경계심이 많아 사회적 관계를 잘 형성하지 못한다. 이에 반해 탈 억제형은 사회성이 무분별해 아무에게나 애착을 보인다. 이는 애착 대상에 대한 선택 능력이 부족하기 때문이다.

애착장애의 원인으로 부모의 병적 보살핌이 보고되고 있는데, 소아의 장기간 입원이나 부모의 경제적 빈곤, 부모의 경험 부족이 병적 보살핌을 유발하는 요인이 된다. 드물지만 때때로 신체검사 시에 병적 보살핌의 결과로 발달지연이나 신체학대와 같은 의학적 상태가 발견되기도 한다.

애착장애는 대개 5세 이전에 발병하는데, 돌보는 사람들의 개인적 특성, 심리사회적 박탈의 정도와 기간, 개입의 특성에 따라 그 차이가 심하다. 적절한 환경이 주어지면 호전될 수 있지만 그렇지 않으면 만성화될 수 있다.

애착장애는 정신지체, 자폐성 장애, 주의력 결핍 과잉행동장애 등과 감별이 요구된다. 그 외에도 애착의 문제가 있는 경우 사회적 유대를 형성하지 못하는 사회적 행동장애, 분리불안장애, 민감성, 수줍음, 사회적 철회장애 등이 동반될 수 있다.

애착은 아이가 태어나 부모와 맺는 최초의 인간관계에서 시작되며 이는 평생의 인간관계의 기초가 된다. 아이가 안정적인 애착을 형성해야 이후 만나는 다양한 인간관계도 안정적으로 구축할 수 있는 것이다. 따라서 부모는 아이와 안정적인 애착을 형성할 능력을 갖춰야 하며, 이를 위해 항상 노력해야 한다.

하지만 최근에는 맞벌이 가정이 늘면서 아이와 보내는 시간이 줄어 애착 관련 장애가 발생하는 것은 아닌지 걱정의 목소리가 높다. 단순히 엄마와 같이 지내는 시간이 중요한 것이 아니라, 엄마 또는 양육자와 어떤 형태의 정서적 상호작용을 경험하는가가 더 중요하다. 즉, 애착의 형성에서 가장 중요한 것은 양육의 양이 아니라 질이며, 유아가 보내는 신호에 대한 민감성이라고 할 수 있다. 따라서 아이의 요구를 민감하게 알아차리고 반응할 수 있도록 양육자부터 자신의 정서를 건강하게 잘 돌봐야 한다.

만약 부모와 좋은 애착관계를 형성하지 못했다 해도 교사나 주변의 다른 어른, 치료사, 배우자 등 자신을 이해해주는 사람과 안정된 애착관계를 형성하면 정신적 건강을 회복할 수 있다.

💡 **자폐장애란?**

자신의 세계에 사로잡혀 있는 자폐장애는 일종의 발달장애라 할 수 있다. 최근에는 전반적 발달장애라는 범주 하에 아주 어려서부터 자기 세계에 빠져있는 자폐장애, 생후 6~18개월까지는 정상적으로 발달하다가 이후 급격히 퇴행해 자폐증상을 보이는 레트장애, 정상적인 발달을 하다가 3~4세 경부터 언어기능, 인지기능, 사회적 기능들이 붕괴되는 소아기 붕괴성 장애, 지능이나 언어발달에는 이상이 없지만 사회적 교류에 장애가 있는 아스퍼거 장애 등으로 분류한다.

자폐장애는 대부분 3세 이전에 발병하는데 남아가 여아보다 3배에서 많게는 5배 정도 더 많이 발생한다. 자폐장애의 원인은 아직 분명하게 밝혀져 있지 않다. 과거에는 정신사회적 요인에 대한 연구가 많았는데, 최근에는 생물학적 요인, 그 중에서도 중추신경계의 장애로 보는 견해가 우세하다. 생물학적 연구들은 유전, 염색체 이상, 뇌의 구조적 또는 신경생화학적 이상, 뇌 손상, 감염 등에 대해 연구하고 있다. 출생 전후의 뇌 손상과 감염, 선천성 풍진, 페닐케톤 요증, 결절성 경화증 등 뇌의 뚜렷한 병변을 보이는 질환들이 자폐장애와 동반된다는 연구들이 있다.

자폐장애의 증상은 먼저 사회적 상호관계의 장애로 나타난다. 즉, 대인관계 장애로 부모나 가족 등 주변사람들과 사회적 관계를 형성하지 못한다. 유아기 때 사회적 미소가 없고 눈맞춤을 회피하고 혼자 구석에서 지내려 하거나 사람보다는 장난감이나 그릇 등 사물에 관심을 보이는 경향이 있다. 소위 애착관계가 형성되지 않기 때문에 엄마가 방을 나가도 관심이 없고 낯가림도 보이지 않는다.

두 번째 특징은 의사소통 및 언어장애로 유아기 때 옹알이가 거의 없고 언어발달이 늦어 말을 잘 못하고 하더라도 단음절의 간단한 말만 하게 된다. 단조로운 어조로 이야기하거나 갑자기 고음으로 이야기하는 등 의사소통이 어렵고, 말을 해도 단지 자신의 요구를 표현하기 위한 수단으로 할 뿐이다.

세 번째 증상은 행동장애다. 자폐장애 아이들은 발가락 끝으로 걷거나 박수를 치거나 손바닥을 들여다보는 행동을 반복한다. 또 같은 것만 고집하는 경향이 있어서 걸을 때도 같은 길로만 가려하거나 음식도 같은 것만 먹으려 하고 장난감도 한 가지만 고집하는 등 집착을 보인다. 질문도 같은 질문만 반복한다. 그 외에도 머리를 벽에 부딪치거나 할퀴거나 머리카락을 잡아 뽑는 등 자해행위를 보이기도 한다. 환자 중에는 1년 내내 빨간색 자동차 하나만 가지고 놀던 아이도 있었다.

네 번째는 지각장애로, 지각에 문제가 있어서 특정한 자극에 대해 과민, 또는 반대로 과소 반응을 보인다. 즉, 소리에 과민해 심한 혐오 반응을 보이거나 반대로 신체적 통증에 둔감해 아파해야 할 상황에서 아파하지 않는다.

그 외에 정서장애도 나타나는데 갑작스런 기분변화를 보여 아무 이유 없이 울거나 웃는다. 지능장애도 나타나 70~80%에서 정신지체가 나타난다. 그러나 특정한 영역 예를 들어 단순 암기, 계산, 음악, 그림 등의 영역에서는 놀라울 정도의 재능을 보이기도 한다.

아직까지 자폐장애를 완치할 수 있는 치료법은 없다. 일반적으로 행동장애를 감소시키고 의사소통을 증진시키며 자립기술을 가르치는 것이 치료 목표다. 따라서 특수교육, 행동치료가 필수적이다. 이를 위해 구조화된 교실 환경에서 행동수정과 언어치료를 시행한다. 약물치료도 보조적으로 적용되는데 특히 공격성, 과잉활동, 주의력 결핍, 불안정한 정서, 자해행동, 불면 등의 증상에 효과적이다.

애착을 증진시킬 수 있는
가정놀이

아이에게 있어 애착은 매우 중요한 발달과제다. 안정적인 애착을 이룬 아이들은 걸음마를 배울 때 어른이 도와주려는 것을 뿌리치고 혼자 걸으려고 애쓴다. 이때 아이는 수 없이 엉덩방아를 찧지만 다시 일어나 스스로 걸음을 떼며 성취감을 느낀다. 이런 식으로 앞으로 살아가며 만나게 될 인생의 수많은 장애물들을 헤쳐 나가는 힘을 키우는 것이다. 따라서 아이가 다칠까 염려하며 지나치게 개입하는 것은 아이의 성장을 방해하는 것이다.

아이에게 애착이 잘 형성되도록 놀이를 통해 상호작용하는 것도 좋은 방법이다. 한국아동가족심리상담연구소(구 한국행동분석연구소)에서 제시한 애착 형성을 강화하는 가정놀이 활동을 소개하겠다.

생후 직후~1살

● 입김 불기 : 젖이나 우유를 먹이는 자세에서 아이의 몸 즉, 입술, 뺨, 이마, 배, 손바닥, 팔, 다리, 발바닥 등의 신체 구석구석에 입김을 불어 주

124

고 입맞춤을 해준다.

- 빨대로 바람 불어 주기 : 젖을 먹이는 자세나 아니면 눕혀 놓고 신체 구석구석을 빨대를 통해 부드러운 바람 또는 센 바람을 불어 준다.
- 엄마 무릎 위에 눈을 접촉하는 방향으로 아이를 눕히거나 앉히고 엄마 다리를 가볍게 흔들어 준다.

1~2살

- 종이티슈 불기 : 아이와 마주 앉아 종이티슈로 서로 얼굴을 가리고 엄마 가 종이티슈의 아래쪽을 불어 올려서 눈을 마주친다. 또는 엄마가 머리 를 뒤로 젖히고 종이티슈로 엄마의 얼굴을 가린다. 그리고 엄마가 종이 티슈를 강하게 입으로 불어 종이티슈가 허공으로 올라가게 하며 아이와 눈 맞춤을 한다. 이후에는 아이의 얼굴에 종이티슈를 올려놓고 비슷한 행동을 하게 한다.
- 공 던지기 : 부드러운 공을 던져 아이의 몸 여기저기를 맞힌다. 소프트 볼이나 탁구공 등으로 온몸에 자극을 준다.
- 이마 부딪히기 : 아이를 바닥에 눕혀 놓고 노래를 불러주며 엄마의 이 마를 아이의 이마에 가볍게 부딪힌다. 이때 주의할 점은 아프지 않을

정도로 부딪혀야 한다는 것이다.

- 담요 미끄럼 놀이 : 바닥에 담요를 펼쳐 놓고 아이를 눕힌 후에 눈을 마주치며 뒷걸음치면서 담요를 끌어준다. 지그재그로 끌어주면 더 좋다.

2~3살

- 엄마 발등타기 : 아이를 엄마의 발등 위에 태운다. 엄마는 두 손을 머리 위로 깍지를 끼고 아이가 두 팔로 엄마의 다리를 붙잡게 한다. 이 상태에서 엄마는 노래를 부르며 가볍게 춤을 춘다.

- 김밥 말이 : 바닥에 푹신한 담요를 펼쳐 놓고 아이 가슴까지 담요 밖으로 나오도록 눕힌다. '떼굴떼굴 도토리' 같은 노래를 부르며 담요를 김밥처럼 만다. 다 말리면 담요 끝을 잡고 하나, 둘, 셋 구령을 천천히 외치면서 아이가 놀라지 않을 정도로 담요를 떼구르르 풀어준다.

- 우유 거품 불기 : 컵에 찬 우유를 넣고 빨대를 꽂는다. 엄마가 빨대를 불어 거품이 뽀글뽀글 올라오는 것을 보여준다. 아이와 엄마가 서로 번갈아 불면서, 아이가 잘 못하면 엄마가 하는 것을 보여주며 눈 맞춤을 계속한다. 아이가 잘 못해도 하고 싶어 하면 아이에게 기회를 주도록 한다.

3~5살

- 노 젓기 : 바닥에 마주 앉아 두 다리를 서로 길게 뻗는다. 아이의 다리는 엄마 다리 사이에 놓이게 된다. 이때 두 손을 마주 잡고 노 젓는 모습처럼 밀고 당기기를 한다. 형제, 또래와도 같이 하게 한다.
- 인형 그네 태우기 : 보자기를 바닥에 펴 놓는다. 인형을 가운데 눕히고 어른과 아이가 양손으로 보자기의 네 귀퉁이를 잡고 일어선다. 노래를 부르며 보자기를 흔들어 인형을 그네 태우는 행동을 한다.
- 전등 비추기 : 방안 구석구석에 아이가 좋아하고 잘 아는 물건을 올려 놓는다. 그리고 방안을 어둡게 한 후 물건의 이름을 말하며 이 곳 저 곳 전등을 비추며 물건을 찾는다. 아이에게 전등을 비추게 하며 역할을 바꾼다.

위에 소개된 각종 놀이들은 연령별로 아이의 애착을 증진시키기 위해 고안된 놀이방법이다. 여기서 가장 중요한 것은 양육자와 이런 놀이를 하면서 즐거운 기억을 갖게 해주는 것이다. 아이가 훗날 즐거웠던 순간으로 놀이를 기억해야 행복하고 안정된 애착을 형성할 수 있다.

[출처 : 한국아동가족심리상담연구소]

03

걱정도 지나치면
병이다

불안은 우리를 지켜주는 일종의 보호장치다. 생존에 필수적인 것이다. 즉, 불안감을 느끼기에 미래의 위험에 적절히 대비할 수 있는 것이다. 하지만 불안이 일상생활에 불편을 줄 정도라면 불안장애를 의심해봐야 한다.

소아정신과에서는 전통적으로 소아기의 불안장애와 어른의 불안장애를 구분해왔다. 이렇게 구분하는 이유는 소아기 불안장애가 특정 시기에 국한됐다가 성장 후 사라지는 사례가 많고, 대부분 병적이라기보다 정상발달에서 조금 지나친 형태로 나타나기 때문이다. 그러나 여전히 일부에서는 성인의 불안장애와 소아기 불안장애는 유사하다고 주장하기도 한다.

소아기에 발생할 수 있는 불안장애는 다음과 같이 다양하다.

소아기 불안장애의 유형

▌분리불안장애

소아기에 가장 흔한 불안장애는 분리불안장애다. 분리불안장애란 말 그대로 자신의 애착 대상인 집이나 엄마 또는 중요한 가족과 분리될 때 심각한 불안을 느껴 떨어지지 않으려는 것이다. 애착이란 중요한 사람이나 사물과의 친밀한 관계를 의미하는 것으로 매우 정상적인 것이다. 물론 아이의 경우 어느 정도의 분리불안은 정상발달에서 있을 수 있다. 하지만 그 정도가 심각해 일상생활에 위협이 되고 지속적일 때는 분리불안장애를 의심해봐야 한다.

분리불안장애는 남녀 차이 없이 대개 7~8세경에 시작되지만 학령전기에 발생하기도 한다. 발병은 인구 100명당 3명에서 5명 정도로 적지 않은 편이다. 지나치게 가족 간에 밀착된 가정, 과잉보호 가정에서 많이 발생하는 편이라, 분리불안장애 아이는 매우 의존적이며 부모의 사랑을 지나치게 갈구하는 경향이 있다.

발병은 대개 서서히 나타나지만 주위 사람의 죽음이나 아이 또는 부모의 입원, 동생의 출생, 심한 부부싸움, 이사, 전학 등과 같은 외부 사건으로 갑자기 나타나기도 한다.

분리불안장애 아이들은 혼자 남게 되면 자신 또는 애착 대상에게 불행한 일이 발생해 다시는 보지 못할 것이라며 걱정한다. 때문에 애착 대상과 잠시라도 떨어져 있게 되면 그 대상의 존재를 확인하려 들고, 혼자 학교나 친구 집에 가지 못한다. 어렵게 혼자 남게 되면 악몽을 꾸고, 기타 신체적 문제를 호소하며 부모의 관심을 끌려고 한다.

분리불안장애는 집이나 엄마와 같은 애착 대상과의 분리에 대한 불안이 발달 수준에 비해 부적절하게 지나치면서 다음의 문항 중 3개 이상의 문제가 나타나는 경우 진단된다.

📋 **분리불안장애 진단 기준표**

집 또는 애착 대상과 분리되거나 분리가 예상될 때 심한 불안을 반복적으로 느낀다	☑
주 애착 대상을 잃거나 그에게 해로운 일이 일어날 것이라고 지속적으로 심하게 걱정한다	☐
불행한 사고가 생겨 애착 대상과 분리될 것이라는 비현실적인 걱정을 지속적으로 한다	☐
분리불안 때문에 등교나 외출을 지속적으로 싫어하거나 거부한다	☐
애착 대상 없이 혼자 지내는 것에 대한 과도한 두려움을 느끼거나 이를 거부한다	☐
애착 대상이 없는 상황이나 집을 떠나 잠자기를 싫어하거나 거부한다	☐
분리의 주제와 연관되는 반복적인 악몽을 꾼다	☐
애착 대상과의 분리가 예상될 때 반복적으로 두통, 복통, 오심, 구토와 같은 신체 증상을 호소한다	☐

위의 8가지 중 3개 이상 증상이 나타나면서 동시에 이런 증상들이 4주 이상 지속되며 18세 이하에서 발병하는 경우, 분리불안장애로 진

단될 수 있다.

　물론 정상적인 불안이나 일시적인 적응상의 문제와는 구별돼야 한다. 그리고 등교를 거부하는 경우 공포장애나 행실장애인 경우도 있다. 공포장애 아이들은 선생님이나 또래 또는 엄한 학교 규칙, 과중한 숙제, 시험 공포 등 학교생활 자체에 대한 공포 때문에 학교를 거부하는 것이며, 행실장애는 학교에 가는 대신 전자오락실 등을 배회하는 것이 특징이다.

　등교를 지속적으로 거부한다면 일단 무슨 문제가 있는 것은 아닌지 응급상황으로 인식해야 한다. 원인을 파악한 후 애착 대상이 되는 가족의 치료도 병행될 수 있다. 불안해하는 아이를 윽박지르면 오히려 증상이 악화될 수 있으므로 가족들의 이해를 구하기 위해 가족치료도 필요한 것이다.

　이 경우 집에서부터 서서히 분리하는 훈련을 해야 한다. 분리하는 시간도 마찬가지다. 긍정적 강화, 긴장이완, 체계적 탈감작 방법(약한 단계부터 강한 단계까지공포나 불안 상황에 점진적으로 노출시켜 치료하는 방법)과 같은 행동치료와 지지적 정신치료를 통해 점차 애착 대상과의 분리를 시도해야 하며, 필요시 불안을 경감시켜주는 약물이 투여될 수도 있다.

　경과 및 예후는 발병 연령이나 공존 질환에 따라 다르지만 어린 나이에 발병했고 어느 정도 학교에 갈 수 있다면 사춘기에 발병한 경우보다 예후가 좋다고 알려져 있다. 반면 우울증이 동반된 경우 50% 정도는 만성화되고, 극소수는 성인기 광장공포증으로 발전할 수 있다.

후기 아동기 때는 인지-도덕의 발달로 자기 성찰 및 미래를 생각하며 불안증상을 나타낼 수 있다. 그런데 이것이 지나쳐 병적 상태에 이르면 과잉불안장애가 된다. 즉, 지나치게 시험을 불안해하는 등 걱정을 많이 하는 경우, 과잉불안장애를 의심해봐야 한다.

흔히 초등학교 고학년에서 나타나고 남녀 차이는 없으며 100명당 2~4명 정도 발병한다. 주로 핵가족이나 상류층, 아이에게 기대치가 높은 가정, 성취욕이 강한 가정의 첫아이에게 발생하고, 가족 중에 불안장애, 기분장애, 알코올 중독이 있는 경우가 많다. 13세 이하의 경우 분리불안장애, 공포장애를 동반하는 경우가 흔하다.

과잉불안장애 아이들은 미래에 대해 지나치게 비현실적인 걱정을 하는데, 예를 들어 시간약속을 못 지키거나 사고가 나면 어떻게 하나 걱정하는 것이다. 남들의 평가에 민감한 경우는 시험을 못보면 어떻게 하나 걱정한다.

때로 이런 아이들은 준비성이 철저하고 나이에 비해 성숙해보일 수도 있다. 겉으로는 대인관계도 좋고 사회적 접촉을 즐기며 잘 지내는 것처럼 보이지만 실제는 남의 평가에 지나치게 예민해 쉽게 마음의 상처를 받고 자심감도 부족한 경우가 많다. 항상 긴장 상태라 두통이나 복통이 흔하고 불면증을 호소하기도 한다.

이렇게 걱정이 많은 아이들은 뉴스만 봐도 불안에 떤다. 뉴스에는 납치, 폭력, 범죄에 희생되거나 나쁜 병에 걸린 아이들 등 불행한 소식들이 넘쳐나기 때문이다. 미국의 아동 강박 및 불안장애센터의 타마르 첸스키 박사는 이런 뉴스들은 공포심을 주려는 것이 아니라 이를 예방하고 조심하자는 의도이므로 안전수칙을 알려주고, 어른들이 지켜줄 것이라는 믿음을 심어주는 것이 좋다고 조언한다.

치료 시에는 정신치료가 중요한데, 아이에 대한 기대가 너무 지나친 가정이나 가족 내 갈등이 많고 부모 자신이 걱정이 많은 경우는 가족치료도 필요하다. 긴장이완 훈련과 긴장을 일으키는 잘못된 생각을 교정하는 인지치료, 남의 평가에 예민한 경우 집단치료 등이 효과적이다. 만약 치료되지 않으면 성인기까지 증상이 계속돼 범불안장애, 사회불안장애(대인공포증), 우울장애로 발전할 수 있다.

▌ 공포장애

이는 각종 사물이나 사람, 질병, 상황 등에 대한 공포를 말하는데, 취학 전에는 낯선 사람, 어둠, 동물, 귀신, 도깨비, 괴물 등에 대한 공포가 많고, 초등학생의 경우는 벌레, 병균, 신체손상, 질병에 대한 두려움부터 점차 사회적인 상황에 대한 공포 즉, 처벌, 비난, 수치심과 같은 상황에 대한 공포로 발전한다.

소아기의 사회불안장애의 대상은 어른 또는 또래 아이들인데, 남들이 자신을 주시한다는 불안 때문에 남 앞에서 말하기, 읽기, 쓰기, 먹기 등을 하지 못하고 공중화장실이나 목욕탕 이용을 꺼리기도 한다.

이런 소아기 공포장애에는 행동치료가 효과적이다. 행동치료에는 체계적 탈감작 방법과 한 번에 어려운 상황에 노출시켜 예상했던 일(공포)이 일어나지 않음을 인식시키는 '홍수법'이 있는데, 최근에는 홍수법보다 체계적 탈감작이 사용된다. 예를 들어 강아지를 두려워하는 아이라면 부모와 함께 작은 강아지에게 노출시키는 것에서 시작해 점차 큰 강아지를 만져보게 함으로써 공포감을 극복하는 것이다. 그 외에 모델링, 긍정적 강화법 등도 사용된다.

어린 아이들의 불안장애는 그 자체로 등교를 거부하거나 친구를 사귀지 못하는 등 부가적 문제를 야기하는 것이 문제다. 그러나 보다 큰 문제는 이런 증상이 지속돼 성인기까지 영향을 줄 수 있다는 것이다. 따라서 아이를 야단치기보다 조기에 치료하는 것이 중요하다.

아이들의 **불안 예방법**

아이들은 뉴스를 보며 각종 사건, 사고 소식에 불안감을 나타내곤 한다. 아이들은 판단력과 현실 검증력이 부족해 어른보다 더 큰 공포감을 갖기 때문이다. 미국의 아동강박 및 불안장애센터 소장인 타마르 첸스키 박사는 아이들이 불안해하는 것을 예방하기 위해 다음과 같은 방법을 제안하고 있다.

어른이 지켜줄 것이라는 믿음을 준다

이 세상에는 분명 위험 요인들이 존재한다. 아이들에게 실제 존재하는 불안을 솔직히 말해준다. 하지만 어른인 부모가 지켜줄 것이라는 믿음도 함께 줘야 한다. 불안에 떠는 아이는 이런저런 질문을 하기 마련이다. 어떤 경우에는 답하기 어려울 때도 있다. 당황한 부모는 적절한 답이 떠오르지 않아 횡설수설하게 되는데, 이는 아이들의 불안감을 더욱 키우게 된다. 아이에게 내가 여기에 있고, 널 위해서라면 무슨 일이라도 할 것이라고 말해

준다. 어른이 즉, 부모가 안전판이 될 것이라는 확신을 줘야 한다.

아이들의 식사와 수면을 개선해준다

탄산음료에는 카페인이 함유돼 있어 아이들을 더욱 초조하게 만들 수 있다. 아이들이 좋아하는 단 음식도 에너지 고갈 상태를 만들어 아이를 더욱 불안하게 만든다. 따라서 아이들의 식생활을 살펴보고 카페인과 설탕을 제한해야 한다. 한편, 잠이 부족한 아이는 더 불안하고 초조해지기 쉬우므로 충분한 수면을 취할 수 있도록 도와준다. 건강한 식사와 수면습관은 불안 예방을 위해 중요하다.

아이와 연결되기

아이의 불안을 줄이고 예방하기 위해서는 아이와 부모가 서로 연결돼 있는 안전한 환경을 만들어 줘야 한다. 아이들에게는 부모와 같이 보내는 시간이 중요하다. 몇 주 전부터 약속을 해 아이가 신이 나도록 하고, 아이가 좋아하는 것을 같이 하거나 이메일을 주고받는 것도 좋은 방법이다. 이러한 방법을 통해 아이는 어른과 연결돼 있는 안전한 환경에 살고 있다는 인식을 갖게 된다.

아이의 관점을 존중한다

자존감이 충만한 아이는 불안감을 갖지 않는다. 따라서 아이의 자존감을 높이는 것이 중요한데, 평소 부모는 아이가 얼마나 소중한 존재인지 느끼게 해줘야 한다. 아이의 의견을 묻고 이를 존중해줘야 한다. 물론 아이의 말을 무조건 들어주라는 것은 아니다. 아이와 논의하는 것은 자신의 의견을 효과적으로 표현하고 자기 생각이 중요하다는 인식을 심어줄 수 있다. 또한 아이의 의견이 받아들여지지 않을 때 좌절감을 견디는 힘을 길러줄 수 있다.

그 외에도 아이와 함께 뉴스를 볼 때는 아이의 불안을 감소시키기 위해 다음과 같이 행동하는 것이 좋다고 한다.

첫째, 뉴스에 나오는 문제를 해결하기 위해 많은 사람들이 노력하고 있다는 사실을 전해준다. 예를 들어 사스나 메르스와 같은 전염병이 돌 때 이를 극복하기 위해 이런 저런 연구들이 진행되고 있다는 것을 알려준다.

둘째, 아이가 할 수 있는 다른 일에 집중하게 한다.

셋째, 현실적으로 생각할 수 있도록 도와준다. 즉, 뉴스에서 보고 들은 이야기가 얼마나 끔찍한지가 아니라, 얼마나 드문 일인가를 상기시켜준다.

04

산만한 우리 아이,
혹시 ADHD?

김 군은 6살의 유치원생이다. 어느 날 김 군의 유치원 선생님은 도저히 아이를 지도할 수 없으니 병원에 가서 진단을 받아볼 것을 권고했다. 선생님에 따르면 김 군은 한시도 가만히 있지 못하고 부산을 떨며 수업에 집중하지 못한다는 것이었다. 뿐만 아니라 옆의 아이들을 건드리며 방해했다. 선생님의 지시도 따르지 않아 무엇을 가르치거나 통제할 수 없었다. 김 군의 어머니는 아이가 다소 산만하기는 하지만 그렇게까지 문제인지는 몰랐다며 김 군과 함께 병원을 찾았다.

이렇게 가정에서는 심각한 수준인지 몰랐는데, 유치원이나 학교 선생님의 권유로 병원을 찾는 경우가 적지 않다. 보통 가정에서는 무언가에 집중하며 과제를 수행할 일이 많지 않기 때문에 다소 부산해도 기질 탓으로 여기는 경우가 많다.

주의력 결핍 과잉행동장애는 흔히 ADHD(Attention Deficit Hyper-activity Disorder)라고 불리기도 한다. 글자 그대로 주의력이 부족하고 과도한 행동이 특징이다. 과거에는 과잉행동증후군, 미소뇌손상증후군으로 불리기도 했는데, 그만큼 행동이 많거나 작은 뇌 손상이 원인인 것으로 여겨졌던 것이다.

세상의 모든 자극에 반응하다

ADHD는 남아에게 더 흔하며 발병 시기는 보통 3세에서 6세 사이로, 7세 이전이 가장 많다. 발병 원인은 아직 명확하게 밝혀지지 않았지만, 출생 전후 미세한 뇌손상, 출생 후 감염, 독성물질에의 노출, 대사장애, 외상으로 인한 뇌손상 등 뇌의 기능장애와 연관된 것으로 알려져 있다. 신경전달물질 중에서는 노르에피네프린과 도파민의 불균형으로 알려져 있는데, 노르에피네프린은 불안을, 도파민은 새로운 자극을 추구하며 과잉행동을 야기하는 물질이다.

뇌파 검사에서는 뇌성숙의 지연을 시사하는 소견이 흔하다. 또한 뇌영상 검사에서는 주의력을 관장하는 전두엽의 뇌혈류 및 당대사 감소가 발견된다.

ADHD 아이들이 부산한 이유는 신경이 과민하기 때문이다. 즉, 소리, 빛, 온도 변화 등 일반적으로 무심히 지나치는 주변 자극에도 지나치게 과민반응을 보이는 것이다. 이에 반해 일반인은 중요한 자극에만 주의를 기울인다. 그래서 ADHD는 주의력이 결핍된 것이 아니라, 주의력 조절 능력이 떨어지는 것이라는 주장도 있다.

어려서는 자극 때문에 잠을 이루지 못해 자주 울고, 걸음마를 떼면 매우 부산해 위험 행동을 자주 하며, 유치원에 가서는 가만히 앉아 있지 못하고 손발을 계속 움직이는 경우가 많다. 하지만 이러한 기질을 긍정적으로 발전시킬 수도 있다. 에디슨이나 아인슈타인, 모차르트 등 위대한 과학자나 예술가 중에는 ADHD에 가까운 이들이 많았다고 한다.

하지만 유치원이나 학교에서는 크고 작은 사고를 자주 일으키는 바람에 천덕꾸러기로 몰리기 쉽다. 또한 집중도가 떨어져 학습장애, 언어장애를 동반하고 2차적으로 행동장애, 정서장애가 나타나기도 한다.

주의력 결핍 과잉행동장애 진단 기준표	
[주의력 결핍 증상]	
정밀한 일에 세심한 주의를 기울이지 못하거나 학업 등에서 조심성이 없어 실수를 잘 한다	✓
작업이나 놀이에 계속해서 집중하기 어렵다	☐
다른 사람이 직접 말하는 것을 귀 기울여 듣지 못한다	☐
지시대로 따르지 못한다	☐
작업 및 활동을 조직적으로 하지 못한다	☐
지속적인 정신력을 요하는 작업(학업, 숙제) 등을 피하거나 싫어하거나 거부한다	☐
작업이나 활동에 필요한 물건을 자주 잃어버린다	☐
외부 자극으로 생각이 쉽게 흩어진다	☐
일상적인 활동을 자주 잊는다	☐

[과잉행동 및 충동성의 증상]	
손이나 발을 움직이거나 몸을 뒤트는 등 가만히 앉아 있지 못한다	☐
가만히 앉아 있어야 하는 교실이나 다른 장소에서 가만히 앉아 있지 못한다	☐
어떤 장소에서 부적절하게 지나치게 뛰어다니거나 기어오른다	☐
놀이나 여가활동을 평온하게 즐기지 못한다	☐
계속해서 쉴 새 없이 움직인다	☐
말을 지나치게 자주 많이 한다	☐
질문이 채 끝나기 전에 불쑥 대답한다	☐
차례를 기다리지 못한다	☐
다른 사람이 하는 일을 자주 방해하거나 간섭한다	☐

사냥꾼 기질을 가진 아이

ADHD의 진단 기준은 기준표의 18가지 중 6가지 이상의 증상이 최소 6개월 이상 지속돼야 한다. 적어도 12세 이전에 나타나며 이런 증상으로 가정, 학교 등 두 곳 이상의 환경에서 문제가 되는 경우 진단을 받게 된다. 18개의 증상들은 9개의 주의력 결핍 증상과 9개의 과잉행동 및 충동성의 증상으로 나뉜다.

정상 아이도 주의력 결핍이나 과잉행동을 보일 수 있다. 특히 3세 이전에는 유사한 증상들이 나타날 수 있기 때문에 진단에 주의가 필요하다. 또한 조증 및 행동장애에서의 과잉행동과도 감별해야 하는데, 때로는 두 가지 질병이 공존하는 경우도 있다. 학습장애가 동반되는 경우에는 진성학습장애와의 감별이 필요하고 우울장애, 불안장애와도 감별해야 한다.

ADHD 아이는 정서적 민감성, 직관력, 에너지 수준이 높아 부모 사이가 안 좋거나 자신이 사랑받지 못한다고 느끼는 등 가정불화로 정서적으로 불안하면 동기가 결여되고 부적절한 행동을 하게 된다. 우선은 아이의 불안과 걱정, 스트레스를 해소해주고, 할렌 켈러를 가르친 설리반 선생처럼 끝없는 이해와 지지를 보여줘야 한다.

이를 위해서는 아이보다 부모가 먼저 달라져야 한다. 아이를 이해하지 못하는 부모는 과잉행동을 통제하는 데 지쳐 큰소리로 화를 내는 등 아이와 원만한 관계를 갖기 어렵다. 이렇게 부모나 교사, 친구들에게 지속적으로 비난이나 놀림을 당하면 증상은 더욱 악화될 수 있다. 부모의 병에 대한 인식, 아이의 증상에 대한 인내심, 그리고 일관된 치료가 필요하다.

소음을 줄이고 안락한 조명으로 바꾸는 등 주변의 과도한 자극을 줄이고 환경을 조정하는 것도 도움이 된다.

그 외에 인지행동치료나 중추신경자극제를 사용한 약물치료를 실시하기도 하는데, 약물치료 후 70~85% 정도 과잉행동이 감소하고 주의집중력이 증가해 학업능력이 개선된다고 한다. 간혹 욕심 많은 부모들이 아이의 성적을 올릴 요량으로 정상 아이에게 이런 약물을 복용하게 하는 경우가 있는데, 약물 복용은 부작용이 따르는 일이므로 이는 매우 위험한 행동이다.

과잉행동 증상은 사춘기가 되면 호전되는 경우가 많으나 주의력 결핍과 충동성 증상은 오래가기도 한다. 주의력 결핍 과잉행동 장애자들의 약 25%는 성인기까지 계속돼 소위 성인기 주의력 결핍 과잉행동장애로 발전하기도 한다. 그러면 사회생활에 어려움을 겪을 수 있다.

05
통제 불능 꼬마 폭군

간혹 길거리에서 소리를 지르며 떼를 쓰는 아이들이 눈살을 찌푸리게 하는 경우가 있다. 경우에 따라서는 아이답지 않게 과도한 폭력을 쓰거나 폭언을 서슴지 않아 지나는 이들을 놀라게 하기도 한다. 최근에는 아이뿐 아니라 성인들도 화를 조절하지 못하는 것이 사회문제화돼 '분노조절장애'라는 신조어까지 생겼다. 하지만 이는 정식 진단명은 아니다. 분노조절에 문제가 있는 경우는 충동조절장애 중 '간헐적 폭발성 장애'라고 한다.

소아에서는 '파괴적 기분조절부전장애'라는 분노 폭발장애가 있는데, 2013년 개정된 미국의 정신진단 분류에 새롭게 추가된 병명이다. 이는 일종의 기분장애로, 기존의 우울장애로는 설명할 수 없는 소아 및 청소년기에 파괴적인 행동을 일삼거나 우울한 기분이 주된 문제인 아이들을 진단하기 위해 추가된 것이다.

지나친 투정도 병이다

파괴적 기분조절부전장애의 핵심 증상은 만성적이며, 심각한 과민함이 지속된다는 점이다. 여기서 심각한 과민함은 두 가지 뚜렷한 임상적 특징을 보이는데, 그 중 하나는 분노폭발이 빈번하다는 것이다. 즉, 화를 아주 잘 낸다. 이러한 폭발은 일반적으로 좌절에 의한 것으로 언어 또는 행동으로 나타난다. 행동은 물건, 자신 또는 타인에 대한 공격성으로 나타난다. 그리고 이런 증상이 1주일에 3회 이상 가정, 학교 등 적어도 두 군데 환경에서 1년 넘게 반복적으로 나타나는 특징을 보인다.

심각한 과민함의 두 번째 징후는 만성적, 지속적으로 과민하거나 화가 나 있는 상태로, 거의 매일, 그리고 하루 중 대부분의 시간 동안 지속된다.

파괴적 기분조절부전장애의 임상 양상은 비슷한 다른 질환, 특히 소아기 양극성 장애와 구별돼야 한다. 사실, 파괴적 기분조절부전장애는 전형적인 양극성 장애를 가진 아동 중에서 만성적, 지속적 과민함을 나타내는 아이들을 적절히 진단하고 치료하기 위해 새로 추가된 것이다.

20세기 후반부터 간헐적인 심각한 과민함이 소아기 조증의 징후라는 주장에 따라 아동에게 양극성 장애 진단을 내리는 비율이 급증했다. 이는 간헐적인(삽화적) 조증 양상과 예측할 수 없는(비삽화적) 심각한 과민감을 보이는 경우 모두를 소아기 양극성 장애로 진단했기 때문이다. 하지만 이번에 개정된 진단 분류에서는 양극성 장애라는 용어는 간헐적으로 양극성 증상인 조증과 우울증이 나타나는 경우에만 명확하게 사용할 수 있게 됐다.

📋 **파괴적 기분조절부전장애 진단 기준표**	
고도의 재발성 분노발작이 언어적(예: 폭언) 또는 행동적(예: 사람이나 사물에 대한 물리적 공격성)으로 나타나며, 상황이나 도발자극에 비해 그 강도나 지속시간이 극도로 비정상적이다	✓ ☐
분노 발작이 발달 수준에 부합하지 않는 등 화를 내는 것이 자신의 나이에 걸맞지 않는다	☐
분노 발작이 평균적으로 1주일에 3회 이상 나타난다	☐
분노 발작 사이의 기분이 지속적으로 과민하거나 거의 매일, 하루 중 대부분의 시간에 화가 나 있으며 이를 객관적으로 관찰할 수 있다(예: 부모나 선생님, 또래 집단이 관찰 가능함)	☐
위의 4가지 진단 기준이 12개월 이상 지속되며 4가지 진단 기준에 해당하는 증상이 나타나지 않은 기간이 연속해서 3개월 이상 되지 않는 경우. 위의 4가지 진단 기준이 3개 환경(예: 가정, 학교, 또래 집단) 중 최소 2군데 이상에서 나타나며 최소 한 군데에서는 매우 심각한 수준이다	☐
증상이 6세 이전 또는 18세 이상에서 처음 나타났을 때는 이 진단이 내려질 수 없으며, 병력 또는 관찰 상에서 위의 5가지 증상이 10세 이전에 나타나야 한다	☐
기타, 양극성 장애 또는 경조증의 진단 기준을 만족하는 뚜렷한 기간이 1일을 넘기 않는 경우, 이들 증상들이 주요 우울장애나 다른 정신질환으로 설명되지 않는 경우	☐

물론 파괴적 기분조절부전장애는 아동기 때 으레 나타나는 일시적 투정이나 반항과는 구별돼야 한다. 일부 학자들에게서 아이들에게 일시적으로 나타나는 투정 같은 증상을 병으로 취급한다는 반론이 있었던 것도 사실이다. 그러나 파괴적 기분조절부전장애는 단순한 투정이나 반항을 넘어서는 것으로, 학교나 가정생활에 막대한 지장을 주는 일종의 병적인 상태를 말한다.

분노는 절망감의 표현

파괴적 기분조절부전장애는 소아 정신의학 클리닉을 방문하는 아동들에게 흔한 편이다. 주로 10세 이전에 발병하나 어린 아이의 투정은 병이 아니기 때문에 6세 이전 소아에게는 진단하지 않는다. 물론 이 질환이 오직 아동에게만 나타나는지는 분명치 않다. 단지, 아동이 성장함에 따라 증상이 완화될 가능성이 있기 때문에 타당성이 밝혀진 연령대(7~18세)로 진단이 제한되는 것이다.

주요 증상인 심각하고 만성적인 과민함을 가진 소아의 절반가량이 진단 기준을 충족시키는 상태가 1년 넘게 지속된다고 한다. 심각하고, 비삽화적 과민함이 양극성 장애로 전환되는 비율은 매우 낮다. 대신에 만성적으로 과민한 소아는 성인기에 단극성 우울증(우울장애)으로 발전할 위험성을 갖고 있다.

전형적인 양극성 장애와는 분명한 차이가 있는데, 양극성 장애는 사춘기 이전 발병률이 1% 이하로 매우 드물며, 초기 성인기에 점차 증가(1~2%)한다. 반대로 파괴적 기분조절부전장애는 사춘기 이전에는 양극성 장애보다 흔하지만 성인기까지 이어지는 경우는 드문 것으로 알려져 있다.

만성적으로 과민한 아이는 일반적으로 복잡한 정신과적 병력을 드러낸다. 이러한 아이에게 비교적 광범위한 만성적 과민함은 흔한 편이다. 일반적으로 질환의 모든 진단 기준을 충족시키기 전에 이런 과민함이 나타난다고 한다. 또한 주의력 결핍장애 및 불안장애 진단 기준을 충족시키며, 일부 소아에게는 주요 우울장애 진단 기준을 충족시키는 경우도 있다.

병원을 방문하는 파괴적 기분조절부전장애 소아의 대다수는 남아들이다. 지역사회 연구에서도 남아가 많은데, 이러한 특징은 남녀 유병률이 동일한 양극성 장애와 다른 점이기도 하다.

일반적으로 파괴적 기분조절부전장애 소아에게는 자살 행동이 자주 나타나 이차적 위험성에 주의해야 한다. 그 외에도 만성적이고 심각한 과민함은 가족 및 학업 문제와 교우 문제를 유발한다. 파괴적 기준조절부전장애 아이들은 좌절을 견디는 힘이 극도로 약하다. 따라서 작은 일에도 쉽게 좌절하고 그 결과로 인한 욕구불만의 행동 때문에 학업과 교우관계를 유지하는 데 심각한 어려움을 겪는 것이다. 이런 아이들은 단순히 놀이에 지는 것도 참지 못하기 때문에 건강한 아이들이 즐기는 전형적인 활동에 참여하지 못한다.

동시에 공격성과 과민함으로 정상적인 가정생활을 영위하기 어렵다. 따라서 가족들의 삶에도 심각한 혼란을 유발한다. 종종 이들은 난폭하고 위험한 행동, 자살 사고 또는 자살 시도, 심각한 공격성으로 정신건강의학과에 입원하기도 한다.

소리를 지르고 발길질을 하거나 물건을 부수는 등 분노 폭발은 욕구를 저지당한 데서 오는 절망감의 표현이기도 하다. 아이가 공격적인 행동을 보인다고 아이를 억지로 제압하거나 똑같이 공격적으로 맞서면 사태를 더욱 악화시키게 된다. 차라리 관심을 보이지 않다가 소란이 진정되었을 때 아이가 원하는 것이 무엇이었는지 물어보는 것이 좋다. 단, 무조건 아이의 요구를 들어줄 수는 없으므로 기준을 정하고 일관되게 적용해야 하며 그런 행동으로는 욕구를 충족할 수 없다는 것을 알려주는 것이 중요하다.

치료는 약물치료와 정신사회적 치료가 적용된다. 아이이기 때문에 놀이치료를 활용하기도 한다. 아이들이 학교생활에 잘 적응하지 못하고 공격적이며 화를 잘 내고 파괴적인 행동을 자주 보인다면 파괴적 기분조절부전장애가 있는 것은 아닌지 확인이 필요하다.

Part. 4

청소년 자녀를 위한
마인드 클리닉

자존감이 높은 사람은 그 어떤 어려움에 처해도
자신의 내적인 일치성과 일관성을 유지할 수 있다.
또한 자신이 인생에서 좋은 것을 누릴 만한 존재라고 느끼며
스스로 자신의 욕구, 영감, 목적 등을 만족시킬 수 있다.
자존감이 높은 사람은 타인과 원만하게 친밀감을 형성해
인간관계의 만족도도 높다. 행복에 보다 가까워지는 것이다.

01

자존감,
나는 사랑받을 가치가 있다

10대 후반의 학생이 외래를 찾았다. 그녀는 자신이 늘 자신감이 없고 열등감이 많기 때문에 매우 우울하다고 말했다. 게다가 얼굴도 못생기고 너무 내성적이어서 말을 잘 못해 친구들이 자신을 싫어한다고 주장했다. 그녀는 실제 성형수술을 고려하고 있었으며, 너무 힘들어서 학교도 다니기 싫다고 토로했다.

위 사례와 같이 자존감이 낮아 대인관계 및 사회생활에 고통을 호소하는 청소년들이 적지 않다. 자존감이란 자기 자신을 수용하고 존중하고 신뢰하는 것과 관련되는 각종 생각, 행동방식을 통칭하는 것이다. 사람들은 자신을 있는 그대로 받아들이고 자신의 장점과 약점을 인정할 때 불안이나 우울감 없이 지낼 수 있다. 특히 스스로 자신을 존중해야 특별한 사람으로 자각하게 된다. 한마디로 자존감이 있어야 자기 자신도 귀하게 대접하게 되는 것이다.

특히 청소년기는 '나는 누구인가?', '나는 어떤 사람이 되고 싶은가?' 등 자아에 대한 관심이 높고, 자신의 존재가 인정받기를 바라는 시기이기에 자존감이 더욱 중요한 때다. 그러나 아직 자아가 미완성돼 불안정한 때이기도 하므로 자신의 존재가 조금이라도 남에 의해 부정되면 즉각적으로 반응을 나타낸다.

존재의 가치감은 자신감과 열등감의 문제로 이어진다. 이 시기의 낮은 자존심과 열등감은 청소년 우울증이나 사회불안장애(대인공포증)를 유발하기도 한다.

자존감이 높은 사람은 그 어떤 어려움에 처해도 자신의 내적인 일치성과 일관성을 유지할 수 있다. 그 결과 감정이나 행동에 안정감이 있다. 또한 자신이 인생에서 좋은 것을 누릴 만한 존재라고 느끼며 스스로 자신의 욕구, 영감, 목적 등을 만족시킬 수 있다. 자존감이 높은 사람은 행동문제를 덜 일으키고 분노조절을 잘 하며, 타인과 원만하게 친밀감을 형성해 인간관계의 만족도도 높다. 또한 창조적이며 업무 수행능력이 우수하다는 보고도 있다.

낮은 자존감의 진원지는 가정

하지만 청소년기에 자존감이 낮으면 학업 성취도가 떨어지고 친구를 사귀는 데에도 어려움이 많다. 게다가 학교폭력, 본드 등 약물중독,

게임 중독 같은 일탈의 유혹에 빠지기 쉽다. 이렇게 각종 중독이 자존감과 밀접한 관계에 있는 것은 자존감이 낮으면 열등감과 내적 공허감에 빠지게 되는데 이를 일시적으로 해소하기 위해 외부의 무언가에 집착하게 되기 때문이다. 뿐만 아니라 다음 장에서 소개될 각종 청소년 정신질환들의 원인이 될 정도로 자존감은 정신건강에 지대한 영향을 미친다.

최근 개인의 행복에 대한 관심이 높아지고 있는데, 행복 지수를 높이기 위해서도 자존감이 절대적 조건이다. 자존감은 평생의 행복을 좌우하는 근원적인 힘이라 할 수 있다.

그런데 아쉽게도 주변에는 자존감이 낮은 청소년들이 많은 것 같다. 이렇게 낮은 자존감의 진원지는 놀랍게도 가정인 경우가 많다. 서로 보듬고 격려해줘야 할 가족이 오히려 자존감을 무너뜨리는 주범이 되는 것이다. 자존감이 저하되는 몇 가지 요인을 정리하면 다음과 같다.

▍아동기의 중요한 상실 경험

어린 나이에 부모의 죽음이나 이혼으로 부모를 잃게 되면 아이는 자기가 버려졌다는 느낌을 받는다. 누구나 버림을 받거나 사랑 받지 못한다고 느끼면 자존감이 저하될 것이다. 아이는 자신이 원하지 않은 부모의 죽음이나 이별의 결과로 부모를 잃게 되면 상실감으로 인한 내적인 공허감과 불안정한 정서 속에서 성장하게 된다.

이 경우 어른이 돼 또 다른 상실을 경험하게 되면 상실감이 더욱 강화돼 자존감에 상처를 입게 된다. 그러면 버려진 느낌을 극복하기 위해 특정 사람에게 과잉 의존하거나 음식이나 약물, 일 또는 물건 등 자신의 아픔을 달래줄 수 있는 것에 중독되기 쉽다.

아동기의 부모의 상실은 성인기에 우울증이나 자살의 위험요인으로 작용하기도 한다.

> 20대 초반의 직장인 김 양은 우울감과 자살 사고로 병원에 입원했다. 김 양은 5살 때 부모가 이혼을 해 조부모와 같이 살았다. 자라면서 엄마를 항상 그리워했으나 나타나지 않는 엄마를 원망했다. 성인이 된 후에는 남자친구와 헤어지는 경험을 할 때마다 심각한 우울증이 나타나 죽고 싶다는 생각을 하기 시작했다.

어린 시절의 실수

아이들은 아직 미숙하기 때문에 실수를 할 수 있다. 그러나 그 실수에 대해 주변의 반응이 지나치면 어떤 아이들은 '그때 왜 그랬을까?'라며 두고두고 실수를 마음에 새기며 괴로워한다. 작은 실수가 평생을 따라다니며 지대한 영향을 미치는 것이다.

부모의 학대

어려서 받은 신체적, 성적 학대는 아이에게 부적절감, 불신, 죄책감, 분노 등 매우 혼란스런 감정을 느끼게 한다. 이는 외상 후 스트레스 장애는 물론 범불안장애 등 각종 불안 관련 장애 및 주요 우울장애의 원인이 되기도 한다. 이들은 자존감이 낮기 때문에 일반인보다 더 쉽게 불안이나 우울에 빠지게 되는 것이다.

어린 시절 부모의 학대는 아래와 같이 아이가 성장한 후 분노의 원인이 되기도 한다.

> 대학교 휴학생인 최 군은 어려서 아버지로부터 신체적 학대를 자주 받았다. 알코올 중독이었던 최 군의 아버지는 최 군에게 폭언을 일삼으며 자주 폭력을 행사했다. 최 군은 청소년기부터 자주 화를 냈으며, 최근에는 남을 죽이거나 자신을 해치고 싶다는 생각이 자주 들어 병원을 방문했다.

최 군처럼 어려서 학대를 받은 남자아이들은 성장 후 격하게 분노를 표하는 경우가 많다. 그렇지 않으면 분노를 자기혐오나 낮은 자존감 또는 깊은 부적절감으로 변형시켜 자신을 파괴하는 행동을 보이기도 한다. 또한 성인이 된 후 애정관계에서 어려움을 겪는 경우도 많다. 신체적, 성적 학대뿐 아니라 지속적인 언어 학대도 아이의 자존감을 저하시키므로 주의해야 한다.

▮ 부모의 알코올 또는 약물중독

부모의 알코올이나 약물중독은 아이에게 혼란감과 함께 신뢰할 수 없는 가족 분위기를 만든다. 이는 아이에게 가장 중요한 기본적인 신뢰감과 안전감을 갖는 데 방해가 될 것이다. 알코올이나 약물중독의 부모들이 자신의 문제를 부인하면 아이에게 고통이나 감정을 부인하는 것을 가르치게 된다. 결과적으로 아이는 낮은 자존감과 혼란스러운 자아 정체감을 갖기 쉽다.

부모의 방치나 방임

방치도 일종의 학대다. 부모가 자신의 문제나 일, 취미에 심취해 자녀에게 적절한 관심을 보이지 않으면 아이들은 불안전감, 무가치감, 외로움 속에서 성장하게 된다. 안타깝게도 이들은 세상이 자신에게 관심이 없다고 느끼게 된다. 이로 인해 성인이 돼도 자신의 존재를 무가치하게 느끼거나 자신을 무시하는 성향을 갖게 된다.

부모가 지나치게 방임하면 아이는 만족의 지연이나 적절한 제한을 받지 못해 결과적으로 성인이 된 후 지루함을 자주 느끼고 인내심이 부족한 경우가 많다. 또한 새로운 노력을 시작하거나 지속하는 데 어려움을 갖기 쉽다. 그 외에도 자신의 인생을 능동적으로 개척하기보다 세상이 무언가를 해주기를 기대하며 책임감이 부족하고 스스로도 안정감을 느끼지 못한다.

부모의 거절

신체적, 성적 학대를 받지 않아도 부모에게 자신의 요구를 거절당하는 경우, 아이는 부모가 자신을 원하지 않는다는 느낌을 받게 되고, 이로 인해 부모와 관계가 멀어지기 쉽다. 이 경우 당연히 아이는 자신의 존재가치를 의심하게 되고 자라면서 자기 거부나 자기 파괴의 성향을 갖게 될 수 있다. 세상이 안전한 곳이라는 느낌 즉, 안전기지를 가지고 있지 못하다는 느낌에 항상 불안한 것이다. 이러한 문제를 극복하기 위해서는 스스로 사랑하고 돌보는 법을 배워야 한다.

▎ 부모의 과잉보호

부모가 과잉보호를 하면 아이는 혼자서 위험을 감수하고 외부 세계를 신뢰하는 법 등을 배우지 못한다. 이런 환경에서 자라면 안전한 사람이나 환경에서 벗어나는 경우를 지나치게 두려워해 회피하게 된다.

▎ 부모의 지나친 비판

부모가 아이에게 너무 비판적이거나 실현 불가능한 행동기준을 제시하는 경우, 아이는 쉽게 죄책감에 빠지게 된다. 즉, '나는 부족하다'라고 생각하며 열등감을 갖고 그런 자신에 대해 죄책감을 갖게 된다. 이런 상태가 지속되면 열등감을 극복하기 위해 완벽함을 추구하게 된다. 하지만 아이들은 실제 완벽하기 어렵기 때문에 자기비판적인 성향을 갖게 된다.

위와 같이 부모의 양육 태도 및 어린 시절의 환경이 성장 후 자존감 형성에 지대한 영향을 미치게 된다. 어려서부터 자존감이 강한 아이로 키우기 위해서는 위에 제시한 것처럼 아이의 자존감을 저해하지 않도록 노력해야 한다. 혹시 무의식중에 자녀들의 자존감을 해치고 있는 것은 아닌지 되돌아보자.

수험생을 위한
스트레스 관리법

매년 가을이면 수능시험이 다가온다. 수능시험이 아니더라도 학생들에게 시험은 늘 스트레스로 작용한다. 이러한 스트레스를 잘 관리하면 건강을 유지할 수 있을 뿐 아니라 학업적으로도 좋은 성과를 올릴 수 있다.

생각 전환하기

많은 수험생들은 지금이 인생에서 가장 힘든 시기라고 생각하는데, 그렇게 생각하기 때문에 스트레스도 많은 것이다. 수능이라는 시험을 단순히 스트레스라고 생각하지 말고 장래 희망을 이루기 위한 통과의례라고 생각하면 어떨까. 현재는 미래와 자신의 희망을 위해 잠시 어려움을 겪는 것이라고 틈틈이 자신에게 각인시켜 줄 필요가 있다.

물론 십대에 인생의 모든 목표가 결정될 수는 없다. 그러나 일단 목표가 정해지면 그 시기를 잘 통과해야 앞으로의 희망에 한 발 다가설 수 있다고 생각하면 좀 더 수월하게 보낼 수 있을 것이다.

게다가 이런 힘든 시기를 잘 극복한 경험은 또 다른 미래의 어려움에 대처할 수 있는 힘을 길러준다.

부모님, 선생님, 친구들과 좋은 대화 나누기

짜증이 난다고 부모님이나 친구들에게 화를 내면 그 자체가 또 다른 스트레스가 될 수 있다. 공부하기도 고단한데 인간관계에서 스트레스를 받으면 더욱 힘들어질 뿐이다.

선생님들과도 마찬가지다. 선생님들은 수험생들의 심리 상태를 누구보다 잘 알기 때문에 힘들 때 면담을 청하면 많은 도움을 줄 것이다. 부모님이나 선생님, 친구들과 좋은 대화를 유지하는 것도 스트레스를 줄이는 좋은 방법이다.

적절한 수면과 영양 및 운동

수험생들은 잠이 부족하기 쉽다. 그러나 잠자는 동안 공부한 내용을 뇌 속에 기억시킨다고 하니 충분히 잠을 자는 것이 오히려 학업에도 도움이 될 것이다. 정신적, 신체적 스트레스 해소에 충분한 수면만큼 좋은 것도 없다. 따라서 공부와 휴식 시간 외에 적절한 시간을 수면에 투자해야 한다.

그리고 영양도 매우 중요하다. 특히 머리를 많이 써야 하니 뇌에서 직접적인 에너지로 작용하는 탄수화물을 충분히 섭취해야 한다. 물론 이 경우 살이 찌는 부작용이 있을 수 있으니 휴식시간에 적절하게 운동도 병행해야 한다. 수험생이 무슨 운동이냐고 생각하기 쉬운데 신체건강 및 정신건강을 위해 운동은 꼭 필요하다. 특히 체조, 요가, 필라테스 등 근육을 이완시키는 운동이 도움이 된다.

이완의 시간 갖기

공부란 긴장의 연속이다. 이때 이완의 시간은 공부로 긴장된 스트레스를 풀어주고, 활력을 줘 보다 열심히 공부할 수 있도록 도와준다. 이를 위해 운동이나 취미생활을 할 수도 있다. 짧은 시간에 효율적으로 자신을 이완시킬 수 있는 방법을 평소 습득해놓으면 이완의 효과를 볼 수 있을 것이다.

결과에 집착하지 말기

시험을 앞둔 수험생의 목표는 물론 합격이다. 그러나 그것만이 인생의 전부는 아니다. 좋은 학교에 입학했다고 인생의 모든 것을 이룬 것은 절대 아니기 때문이다. 결과보다는 과정도 중요하다는 사실을 잊지 말고, 너무 결과에 집착하지 않는 것이 좋다. 따라서 이번이 아니면 안 된다는 절박한 태도를 버리고 필요하면 재수도 할 수 있다는 여유를 가져야 한다. 재수를 경험한 많은 사람들은 재수 시기가 인생에 많은 도움을 주었다고 말하곤 한다.

마지막으로 수험생 부모들에게

부모들도 자녀의 수험과정을 즐길 필요가 있다. 어리다고 생각한 자녀가 대견스럽게 공부하는 모습을 보며 의연하게 대해주어야 한다. 한 걸음 뒤에서 아이들이 힘들면 도와주겠다는 메시지를 보내며 기존의 생활을 유지하는 것이 좋다. 수험생 때문에 하던 일들을 모두 접고 올인하는 것은 자칫 수험생에게 부담이 되고 자신에게도 스트레스가 되기 때문에 서로에게 도움이 안 된다.

한편, 수험생의 날카로운 반응을 이해해줘야 한다. 아이들은 부모에게 짜증을 내고 곧바로 후회하곤 한다. 이때 부모들이 침착하고 차분하게 대응해야 한다. 수험생 스트레스는 수험생은 물론 부모에게도 큰 스트레스다. 그러나 앞서 말했듯이 모든 학생들이 겪는 하나의 과정으로 생각하고 동반자 의식을 갖고 잘 풀어나가야 한다.

02

가해자도 피해자도
병들게 하는 학교폭력

최근 학교폭력이 중대한 사회문제가 됐다. 많은 아이들이 학교폭력에 노출돼 있으며, 이로 인한 후유증으로 우울증에 걸리거나 자살로 생을 마감하는 사례들이 이어지고 있다. 마음껏 공부하고 친구들과 즐겁게 지내야 하는 학교가 오히려 마음을 병들게 하는 온상이 된다는 것은 매우 안타까운 일이다.

중학생인 이 양은 최근 갑자기 학교 성적이 떨어지고 말수가 급격히 줄어들었다. 급기야 죽고 싶다는 말을 해 부모를 놀라게 했다. 부모 손에 이끌려 병원을 방문한 이 양은 새 학기가 시작되고부터 반 친구들에게 집단 따돌림을 당했다고 말했다. 그래서 학교가기를 싫어하고 우울해했던 것이었다.

이렇게 집단 따돌림 등 각종 학교폭력에 노출되면서 많은 청소년들이 위기에 처했다. 모 대학에서는 발달장애 동급생을 기숙사에 가두고 집단폭행한 사건이 발생했는데, 학교폭력이 대학으로까지 확대돼 충격을 주었다. 정신건강의학과 의사들의 단체인 대한신경정신의학회에서는 학교폭력을 예방하기 위해 특별위원회를 조직해 경찰청과 공동으로 각종 학교폭력의 원인을 밝혀 예방하며, 가해자 및 피해자들을 돕기 위한 활동(표준선도 프로그램)을 펼치고 있다.

서로 맞물려 있는 가해자와 피해자

먼저 학교폭력 문제에서 중요한 사실은 많은 경우 가해자와 피해자가 같은 인물이라는 것이다. 이는 피해자가 가해자가 되기도 하고, 반대로 가해자가 피해자가 되기도 하기 때문이다.

실제 한 대학병원의 보고에 의하면 8세에서 12세 사이의 초등학생 1000명을 대상으로 조사한 결과, 가해자가 12%, 피해자가 5.3%, 가해 및 피해를 경험한 아이들이 7.2%로 나타났다. 이는 학교폭력이 서로 맞물려 있어 가해 학생들이 언젠가는 피해자가 되고, 피해 학생이 가해자가 되는 악순환이 되기 때문이다. 따라서 이들을 구분하지 말고 모두 피해자라는 인식 아래 도와야 한다.

실제 학교폭력을 가한 아이들 중에는 주의력 결핍장애나 품행장애와 같은 정신적 문제를 갖고 있는 경우가 많으므로 조기에 치료해야 이후 난폭한 행동을 예방할 수 있다. 어떤 아이들이 가해자가 되는지를 조사한 외국의 한 연구결과에 따르면, 가해 학생들은 자기 통제력이 부족하고, 충동적이고 공격적이며, 욕구좌절이나 스트레스에 취약한 경우가 많았다고 한다. 또한 다른 아이들을 조정하고 지배하려는 경우, 타인에 대한 공감능력이 부족한 경우, 문제해결 능력이 또래 아이들보다 미숙한 경우, 폭력적인 것을 멋있다고 오인하는 경우, 과거에 폭력적인 경험을 한 경우에도 가해자가 됐다.

특히 가해 학생들은 자존감이 낮고 부정적인 자기상, 불안, 우울감을 갖고 있었으며, 도덕성이 제대로 발달돼 있지 못하고 과거에 가정에서 방치나 학대를 경험한 경우가 많았다고 한다. 그만큼 내적인 문제를 안고 있기에 학교에서 폭력적인 행동을 보인다고 할 수 있다.

반대로 피해 학생들의 특징을 보면 신체적 발달이 늦은 아이 즉, 체구가 작거나 말이 늦은 경우, 거절을 잘 못하고 자기표현을 잘 못하는 경우, 폭력에 쉽게 좌절하고 굴복하는 경우, 또래 집단에 참여하는 기술이 부족하고 유머가 부족한 경우, 친구가 적거나 아예 없는 경우, 우울하거나 불안한 경우, 자주 몸이 아픈 경우, 지나치게 자기중심적이거나 잘난 척하는 경우, 특이한 말이나 행동을 하거나 외모가 특이한 경우였다고 한다. 이렇게 주로 발달이 늦거나 외톨이, 민감한 아이들이 피해를 많이 당하는 편이다.

학교폭력이 발생하면 피해를 받은 아이들은 다양한 반응 및 증상을 호소하게 된다. 대표적으로 자신감 저하, 대인관계 기피, 학습능력 저하

등을 겪고 이로 인해 적응장애, 우울증, 외상후 스트레스 장애와 같은 불안장애 그리고 가장 심각한 경우는 자살 행동으로 이어지기도 한다.

실제 미국 듀크대학의 코플란드 박사 등이 보고한 바에 따르면, 학교 폭력을 당한 피해자들이 일반 학생들에 비해 광장공포증, 공황장애, 범 불안장애 발생율이 2~3배 높고, 피해 및 가해자들에서는 우울증, 공황 장애의 발병율이 더 높다고 한다.

특히 여학생의 경우 광장공포증이, 남학생의 경우 자살 위험성이 더 높다고 지적했다. 또한 가해 학생들의 경우 반사회성.인격장애(타인의 권리를 경시하고 무모하고 불법적인 행동을 주로 보이는 인격장애의 일종)의 위 험률이 높았다. 더욱 걱정스러운 것은 실제 학교폭력을 당한 아이들이 폭력을 당한 당시는 물론, 대학생이나 성인이 된 후에도 여러 가지 정 신증상 즉, 불안, 우울, 수면문제, 해리 증상들을 겪고 있다는 점이다. 그만큼 오랜기간 후유증으로 고생하게 된다.

한편, 피해자 및 가해자뿐 아니라 방관자들도 정신적 영향을 받는다. 미국 오하이오대학의 젠슨 박사 등의 보고에 따르면, 주변에서 반복적 인 학교폭력을 경험한 학생들의 경우 즉, 방관자들도 피해자와 유사한 심리적, 생리적 외상경험과 스트레스 반응을 보인다고 한다. 그런데 이 때 방관자의 스트레스 반응 정도는 극도의 외상경험을 한 경우와 유사 한 수준이라고 한다. 즉, 방관자의 경험도 다양한 부적응적인 정신병리 로 연결된다는 것이다. 실제 외상후 스트레스장애의 원인이 되는 스트 레스 중에는 참혹한 광경이나 위협적인 장면을 목격하는 것도 포함돼 있다.

학교폭력 중 언어폭력, 무심코 내뱉는 욕설도 아이들의 정서에 안 좋은 영향을 미친다. 실제 욕설을 들은 아이들의 뇌영상을 촬영한 결과, 반복적인 욕설 등 언어폭력에 시달린 아이들의 경우 양측 대뇌반구를 연결하는 신경섬유 다발인 뇌들보(Corpus Callosum)와 주변의 방사관(Corona Radiata)의 기능 저하를 일으켜 결과적으로 신체화장애, 불안장애, 해리장애, 우울증 등 다양한 정신장애의 위험성을 높인다고 한다.

또래집단 문화 통해 해결하는 것이 최선

이렇게 학교의 각종 폭력에 의해 청소년들의 정신건강이 파괴되는 것을 막기 위해 일부 소아청소년 정신건강의학과에서는 놀이치료나 집단상담 등 피해 학생 및 가해 학생들을 위한 치료 프로그램을 개발해 운용하고 있다. 최근에는 학교 내 각종 폭력 문제를 해결하기 위해 학교 의사, 학교 보안관 같은 제도를 도입하기도 한다.

피해 학생들은 문제를 숨기려는 경향이 있기 때문에 피해 학생이나 가해 학생의 부모들은 이를 감추지 말고 적극적으로 드러내 해결방안을 모색해야 한다. 그러나 자칫 청소년들의 문제에 어른이 잘못 개입하면 문제가 더 악화될 수 있는 것도 사실이다. 그래서 가능하면 아이들 스스로 문제를 해결할 수 있도록 뒤에서 돕는 것이 더 좋은 방법이라고 생각한다. 예를 들면 방관자 학생이나 또래 조절가 등 아이들의 집단

내 관계를 활용하는 것이다.

방관자 학생들이 적극적으로 어른들에게 폭력 사실을 알리거나 피해 학생의 입장을 옹호하면 학교폭력 예방에 도움이 된다고 한다. 반대로 방관자 학생들이 침묵하거나 괴롭힘에 동참하면 학교폭력은 계속될 수밖에 없다. 따라서 방관자 입장에 있는 학생들의 역할이 중요하다.

최근 일부 학교에서는 '또래 조절가'라는 학생들이 학교폭력은 물론, 학생들 간의 갈등을 조정하는 데 앞장서고 있다. 청소년기는 또래집단의 영향력이 큰 시기이므로 또래집단의 상호작용을 통해 문제를 해결한다는 취지다. 실제 교육부에 따르면 따돌림 등 학교폭력을 당하는 아이들에게 학교 내에서 또래 상담을 시행했더니 효과가 컸다고 한다. 학교폭력 근절의 대안으로 떠오르고 있는 또래 상담가를 운영하는 한 고등학교의 사례를 소개하겠다.

김 양은 고등학교 1학년 학기 초에 눈치 없이 너무 나댄다는 이유로 반 친구들에게 따돌림을 당했다. 반 아이들이 점차 냉소적으로 바뀌면서 대놓고 무시하는 친구까지 생기자 김 양은 점점 의기소침해지고 우울감에 빠졌다. 이렇게 김 양이 힘들어 할 때 같은 반 또래 상담가인 이 양이 김 양에게 다가왔다.

이 양은 담임선생님께 김 양과 짝을 하게 해달라고 요청하고 조별활동이나 이동수업 등을 함께하면서 김 양의 학교생활을 도왔다. 그러면서 같은 반 친구들에게 김 양을 싫어하는 이유를 물어 반 친구들의 생각을 전달해주고 해결방안을 같이 고민해보았다. 친구들의 생각을 알게 된 김 양은 행동을 조심하게 됐고, 다른 친구들과의 사이도 조금씩 회복되기 시작했다. 친구들의 마음을 이해하기 시작하면서 관계의 간극도 좁아지게 된 것이다. 2학년이 되면서 김 양은 많은 친구들과 어울리게 되었고, 표정도 밝아지고 성격도 긍정적으로 바뀌었다.

또래 상담가였던 이 양은 중학교 때 따돌림을 당하던 같은 반 친구를 도와주지 못한 점이 항상 마음에 걸려 또래 상담가가 됐다. 또래 상담가가 되면서 다시는 따돌림으로 고통 받는 친구가 없도록 마음을 다하게 된 것이다.

이렇게 또래 상담가를 운영하고 있는 A고등학교는 이제 집단 따돌림과 학교폭력에서 한시름 놓게 됐다. 같은 반 친구라 문제를 조기에 발견할 수 있고 더 원만하게 해결할 수 있기 때문이다. A고등학교의 상담반 지도교사는 집단 따돌림이나 학교폭력을 원천적으로 차단하기는 어렵지만 사전 예방이나 조기에 발견해 피해를 최소화하는 것이 중요하다고 강조했다.

특히 문제 해결을 위해서는 누구든 문제를 밖으로 드러내야 하는데 또래 상담가가 그런 계기를 마련해줄 수 있다는 것이다. 또한 같은 반 또래 친구가 눈높이에서 고민을 들어주기 때문에 공감대도 쉽게 형성할 수 있다.

물론 또래 상담가들이 실질적인 해결책을 도출해주는 것은 아니다. 하지만 그들은 조언이 아닌 공감으로 피해 학생의 마음의 상처를 보듬어줄 수 있다. 다음은 또래 상담가들의 대화법이다.

* 어기역차
  어 : 어떤 이야기인지 잘 들어주고
  기 : 기분을 이해해주고
  역 : 역지사지 즉, 공감해주고
  차 : 차이가 있음을 인정한다

* 잠하둘셋
  잠 : 잠깐 이야기를 나누다가 좋지 않은 감정이 생길 때 이야기를 멈추고 심호흡을 한다
  하나 둘 셋 : 이후 마음속으로 수를 세면서 여유를 갖고 어떻게 할까 생각해본다

* 아이 메시지
  나를 주어로 말하는 것. 상대방의 문제가 되는 행동이나 상황을 구체적으로 이야기하되 '당신이 이런 행동을 하면 나는 이런 느낌이 듭니다'라는 식으로 나를 중심으로 한 구체적인 대화법

이 외에도 A고등학교의 또래 상담가들은 '결석한 친구에게 전화하기', '이동수업 함께 다니기', '혼자 점심 먹는 친구와 함께 밥 먹기' 등으로 피해를 받고 있는 친구들에게 다가가며, 학교 축제 때는 심리극 공연을 하기도 한다. 한때 A고등학교는 학교폭력으로 유명했지만 또래 상담가들의 활동 덕분에 학교폭력 발생건수가 눈에 띄게 줄어 과거의 오명을 씻게 됐다.

이와 같이 또래 상담이 효과를 볼 수 있었던 것은 홀로 고통 받고 있는 아이들에게 누군가 옆에 있어준다는 위안을 주었기 때문일 것이다. 2012년 한국청소년정책연구원에서 실시한 또래 조정 시범학교 대상 설문조사(학생 1,340명, 교사 73명 대상)에서도 학생의 92.3%, 교사의

87.6%가 또래 조정 프로그램이 학교폭력 예방에 도움이 된다고 답했다. 학생들은 또래 조정의 장점으로 갈등의 폭력 확대 방지, 갈등해결 능력에 대한 자부심과 자신감 강화 등을 꼽았고, 지도교사들은 친구 간 갈등을 외면하거나 방관하지 않는 학교문화 형성을 꼽았다.

이런 좋은 제도가 널리 확대돼 많은 아이들이 학교폭력 걱정 없이 마음껏 학교생활을 영위할 수 있기를 희망한다.

03

놀이도 통제할 수 없다면
위험한 중독

우리나라의 초고속인터넷망이나 PC 보급률은 세계 최고 수준이다. 하지만 양지가 있으면 음지가 있듯, 학업이나 생업을 내팽개치고 PC방에서 3~4일 동안 꼼짝 않고 게임만 하다가 환각 상태에 빠지거나 순환 부전으로 갑자기 사망했다는 뉴스는 이제 단골 레퍼토리가 됐다.

물론, 적당히 즐긴다면 인터넷 게임은 청소년들에게 즐거운 오락이나 스트레스 해소 수단이 될 수 있다. 하지만 그 도를 넘어 사회적 폐해가 속출하기에 지난 2013년, 14명의 국회의원이 '중독 예방·관리 및 치료를 위한 법률안(일명 게임중독법)'을 발의하기에 이르렀다. 이 법률안은 사회적으로 뜨거운 찬반 공방을 일으켰는데, 일단 법 자체는 중독이 개인의 기능 및 사회적 문제를 야기하는 데 비해 그 심각성에 대한 인식이 높지 않고 중독의 예방, 관리, 치료가 미흡하기 때문에 제안된 것이다.

도를 넘어선 위험한 놀이

2013년 5월, 미국정신의학회에서 정신건강의학과의 진단 기준으로 삼는 정신장애의 진단 및 통계 편람 개정판(DSM-5판)이 발표됐는데, 게임중독은 5판의 진단 기준 부분에 포함돼 있지 않지만 향후 연구가 필요한 진단으로 별도 분류돼 있다. 또한 '게임 중독'이라는 표현 대신 '인터넷 게임장애'라는 진단명을 제안했으므로, 본서에서도 게임 중독 대신 인터넷 게임장애라 하겠다.

청소년들이 인터넷 게임장애의 늪에 빠지는 이유는 무엇일까? 인터넷 게임장애를 겪는 아이들의 공통점은 대개 친구나 가족들과의 관계가 원만하지 않으며 자신의 존재가 보잘 것 없다고 생각하고 낮은 자존감으로 불안, 외로움, 우울감에 빠져있다는 점이다. 이들은 별다른 취미생활이나 즐거움이 없기에 생활 속에서 쉽게 접할 수 있는 인터넷 게임에 빠지게 된다. 성인들이 술로 우울, 분노, 무기력, 걱정에서 벗어나려 하듯이 아이들도 인터넷 게임 속으로 도피하는 것이다.

또한 이들은 새로운 자극을 추구하는 성향이 높은 편이라 빠르게 장면이 바뀌면서 끊임없이 주목하게 만드는 인터넷 게임에 빠지기 쉽다. 그래서 주의 집중력이 부족한 초등학생이나 중학생도 인터넷 게임에는 집중을 잘 할 수 있는 것이다.

그 결과 인터넷 게임으로 일시적인 몰입감이나 성취감을 맛보게 되는데, 이는 우리가 무언가에 탐닉하게 하는 동인이다. 또한 현실세계에서 결핍된 사회적 관계를 온라인상에서 형성해줘 인정받고자 하는 욕구와 소속감을 심어주기도 한다. 이러한 보상에 빠지면 게임 시간이 점점 늘어날 뿐 아니라 더욱 자극적인 내용의 게임을 찾게 된다.

이렇게 인터넷 게임에 중독되면 게임 시간과 사용행태를 스스로 통제할 수 없는 지경에 이르게 된다. 특히 인터넷 게임과 같은 시각적, 청각적 자극들은 뇌의 도파민 분비를 증가시킨다.

도파민은 중독 관련 중요 신경전달물질인데 과도하게 분비되면 일종의 환각상태를 경험하게 된다. 환청이나 환시도 도파민의 지나친 분비와 관계있다.

인터넷 게임장애는 진단 기준의 9개 증상 중 5개 이상 증상을 12개월 동안 보이면서 임상적으로 심각한 장애(impairment) 또는 고통(distress)을 초래해야 한다고 명시하고 있다.

다시 말해, 1년 동안 이 9가지 중 5개 이상 증상을 경험했고, 자신의 역할을 잘 수행하지 못하거나 정신적으로 고통을 겪고 있다면 인터넷 게임장애로 진단될 수 있다.

주의할 것은 인터넷 게임장애는 도박이 아닌 인터넷 게임만으로 한정하며, 업무나 직업적인 이유로 인터넷을 사용하는 것은 포함하지 않는다는 것이다.

인터넷 게임장애는 일상생활의 장애에 따라 경도, 중등도, 중증도로 구분할 수 있다. 중증 인터넷 게임장애 환자는 컴퓨터 앞에서 식음을 전폐하고 대부분의 시간을 보내기 때문에 대인관계, 직업 또는 학업 기회를 내팽개치는 경우가 많다.

전에 했던 게임에 대해 생각하거나 다음에 할 게임을 기대하며, 인터넷 게임이 일상의 대부분을 차지하게 되는 등 인터넷 게임에 집착(preoccupation)한다	✓ ☐
인터넷 게임을 줄였을 때 나타나는 짜증(irritability), 불안, 슬픔과 같은 금단 증상(약물 금단의 신체적 징후는 없다)이 나타난다	☐
인터넷 게임에 관여하는 시간이 점차 증가한다	☐
인터넷 게임을 하는 것을 조절하려는 시도가 실패한다	☐
인터넷 게임을 제외하고는 인터넷 게임을 한 결과로 이전의 취미나 여가생활에 대한 흥미를 잃었다	☐
심리사회적 문제들을 알고 있음에도 불구하고, 인터넷 게임을 지속적으로 과도하게 한다	☐
인터넷 게임의 양에 관해 가족, 치료자, 또는 다른 사람들을 속이고 있다	☐
아무도 날 도와줄 수 없을 것 같은 느낌(helplessness), 죄책감, 불안과 같은 부정적인 기분(mood)으로부터 도망치거나 그 기분을 완화하기 위해 인터넷 게임을 한다	☐
인터넷 게임을 하느라 중요한 대인관계, 직업, 교육 또는 경력의 기회를 위험에 빠뜨리거나 잃었다	☐

인터넷 게임장애의 증상은?

위와 같이 새로운 진단 기준을 제안하기 위해 DSM-5 연구집단이 240여 개의 문헌을 검토한 결과, 인터넷 게임장애 증상에서 도박장애나 물질 사용장애와 유사한 점을 발견했다. 그것은 바로 내성, 금단, 중단을 위한 시도의 반복적 실패, 정상 기능의 장애 등에서 비슷한 증상을 보인다는 점이다.

문헌에 따르면, 전형적으로 환자들은 하루에 8~10시간 이상, 1주에 최소 30시간을 인터넷 게임에 몰두한다. 또한 식사를 거부하고 잠도 자지 않은 채 학교, 직장, 가족 내 의무에 소홀한 경우가 많다. 이렇게 학교나 직장, 가정에서의 역할 상 장애, 심리적 고통이 분명할 때는 치료의 대상이 된다.

특히 남자 청소년들이 인터넷 게임을 더 많이 이용하는데, 유독 아시아에서 유병률이 높게 나타나는 것도 인터넷에 쉽게 접근할 수 있는 환경 때문이다.

인터넷 게임장애는 우울감, 강박적 경향, 산만함과 집중력 저하, 충동성, 낮은 자존감, 사회적 불안감 등 다양한 종류의 정신과적 문제와 관련돼 있다. 특히 우울증과 밀접한 관련이 있다. 우울증 환자는 의욕, 흥미가 떨어져 평소에 하던 일상적인 활동을 하는 데도 어려움을 겪게 된다.

이런 사람들에게 인터넷 게임은 적은 노력으로도 집중과 흥미를 유발시켜 일시적으로 우울과 무기력에서 벗어날 수 있게 해준다. 그래서 다른 활동은 접어둔 채 게임에 몰두하게 되는 것이다. 따라서 무조건 게임을 못 하게 하기보다 게임으로 도피하려는 근본적인 심리적 요인부터 치료하는 것이 우선일 것이다.

올바른 게임 습관 길러줘야

최근에는 다양한 모바일 기기들이 보급돼 부모들도 자녀들의 인터넷 게임 습관이 심각한 수준에 이르는 것을 미처 알아차리지 못하는 경우가 많다.

그러다 인터넷 게임장애가 발생하면 부모도 통제할 수 없게 되므로 전문가의 도움을 받아야 한다. 따라서 처음부터 사용시간이나 사용량을 정해 자기 통제력 속에서 게임을 즐기도록 올바른 게임 습관을 길러주는 것이 중요하다.

하지만 이미 인터넷 게임장애 수준에 이르렀다면 치료 초기에는 일단 컴퓨터에 대한 접근 자체를 차단하는 초강수를 둬야 하는 경우도 있다. 이는 알코올 중독 환자가 술을 접하지 못하도록 차단하는 것과 같은 원리로, 얼마간은 견디는 힘을 길러줘야 한다. 가정에서는 컴퓨터에 패스워드를 걸어놓아 인터넷이나 게임을 하고 싶은 순간적인 욕구가 생기더라도 물리적으로 불가능한 환경을 구축해놓는 것이 좋다. 일단 중독이 되면 자율적으로 조절하는 것이 불가능하므로 타율적인 통제가 필요한 것이다.

그리고 병원이나 전문기관을 찾아 도움을 청하자. 국립청소년인터넷드림마을은 인터넷·스마트폰에 중독된 청소년을 위한 맞춤형 치유 서비스를 제공하는 인터넷 치유기관이다. 개인 및 가족상담, 자녀양육 코칭, 대안활동 등을 통해 청소년들이 건강한 생활습관을 형성해 관계 능력을 증진하고 자존감을 회복하게 도와준다.

현재 게임 중독과 관련된 정신건강의학과 치료 중에서는 집단 치료 프로그램이 가장 많이 사용되고 있다. 집단 프로그램은 예방 프로그램과 치료 프로그램으로 나뉘는데 모두 인지-행동적 모델을 이용한다. 물론 개인 치료 시에도 인지행동치료가 많이 사용되는데, 그 내용은 게임에 대한 갈망과 게임에 대한 스스로의 관대하고 허용적인 생각을 깨닫고, 게임을 유발하는 위험한 상황을 파악해 대처기술 및 행동 요령을 습득하도록 하는 것이다.

한편 인터넷 게임장애 환자들은 오랫동안 비적상적인 생활을 해왔기 때문에, 현실생활에 대한 두려움, 심리적 고통에 대한 정신치료도 함께 시행하는 것이 좋다.

이 외에도 인터넷 게임장애에 동반되거나 그 결과로 볼 수 있는 우울증(주요 우울장애), 강박장애, 주의력결핍 과잉행동장애 등을 치료하면 인터넷 게임장애 증상도 동시에 호전될 수 있다.

더불어 건전하게 여가시간을 즐길 수 있는 다른 대안을 찾아보고 현실 세계에서 대인관계를 늘릴 수 있도록 도와줘야 한다. 세상에는 인터넷 게임보다 훨씬 더 재미있고 인생을 풍요롭게 해주는 취미생활이 많이 있다는 것을 알려줘야 한다. 특히 신체를 움직이는 야외활동을 권하는 것이 좋다.

자신이 원래 충동적이거나 집착이 강한 편이며 별다른 취미생활이 없는 경우라면 인터넷 게임을 접하기 전에 더욱 조심하는 것이 좋을 것이다.

전문가들은 도서관 등 공공장소에서 컴퓨터를 사용하는 것도 좋은 방법이 될 수 있다고 조언한다. 그래서 한 초등학교에서는 학교 안에서 게임을 하도록 PC방을 조성하기도 했다.

04

세상에 나서는 것이
두려운 아이들

> 김 군은 어린 시절 학교에서 책을 읽다 떨었던 기억을 대학생이 된 후에도 잊지 못했다. 초등학교 때 일어나 책을 읽다가 얼굴이 붉어지고 목소리가 떨려 실수를 한 적이 있는데, 그때 반 친구들에게 놀림을 당한 것이다. 그 후 사람들 앞에 나서 말을 해야 하는 상황이 되면 또 목소리가 떨리고 얼굴이 붉어지지는 않을지 걱정이 돼 아무것도 할 수 없었다. 그는 이런 예기 불안으로 조금이라도 떨게 될 것 같으면 그 상황을 회피하게 됐고, 결국 이는 사회불안장애로 발전했다.

봄이 되면 새로운 반에 배정받은 학생들은 설레는 마음으로 새로운 선생님, 새로운 친구들을 만나게 된다. 하지만 사회불안장애(흔히 '대인공 포증'이라고도 하지만, 환자들이 어려워하는 상황이 대인관계 상황뿐 아니라 여러 가지 사회적 상황을 포함하기 때문에 공식 명칭은 사회불안장애라 한다)를 앓는 학생들에게는 고통스러운 시간이 아닐 수 없다. 우선 사회불안장애는 대인관계에서의 불안과 공포를 말하는 것이다. 물론 사람 자체를 무서워하는 것이 아니라 사람과의 관계 맺기를 두려워하는 것이다. 사회공포증이라 부르기도 한다. 이는 사회적인 상황을 두려워한다는 의미다.

사회불안장애 환자들이 가장 두려워하는 것은 남들의 평가다. 남들이 자신을 어떻게 평가할 것인가를 중시하기 때문이다. 사회불안 즉, 대인공포를 유발하는 상황은 수도 없이 많은데 그 중 가장 많은 사람들이 회피하는 상황은 대중연설이다. 많은 사회불안장애 환자들이 남들 앞에서 발표를 하게 되면 목소리가 떨리고 얼굴이 붉어지며 불안해서 끝까지 발표하기 어렵다고 호소한다.

내성적 성격으로 치부하는 것이 문제

사회불안장애는 대개 10대 중반에 발병하는 경우가 많다. 평균 발병 연령은 15.5세. 그러나 전 연령에서 나타날 수 있으며, 30대 이후에 나타나는 경우도 적지 않고 드물게는 65세 이후에 나타나기도 한다. 하지만 문제는 청소년기에는 단지 소심하고 수줍음이 많은 내성적인 성격 탓으로 여겨 심각하게 생각하지 않는다는 것이다. 그러다 10여 년이 흐른 후 사회생활에 곤란을 겪으면 그때서야 뒤늦게 병원을 찾는다. 또한 문제로 인식해도 자신감이나 사회성을 키워야 한다며 정신건강의학과보다 스피치 학원을 먼저 찾아가는 경우도 많다.

발병하는 연령대에 따라 특징적인 증상이 다를 수 있는데 10대에는 자신이 남에게 피해를 준다고 믿는 가해형이 많으며, 30대 이후에는 신체 떨림에 대한 공포가 많다. 또한 노년기 사회불안장애 환자에게는 타인과 식사를 하거나 공중화장실을 사용해야 하는 것에 대한 공포가 많다.

한참 예민한 사춘기 때 사회불안장애가 발병하면 학업에 방해될 뿐 아니라 또래 친구를 사귀는 데도 어려움이 많다. 기타 사회적 기술을 배울 기회를 놓쳐 사회기능에 장애를 초래하기 쉽다. 따라서 학교를 갑자기 그만 두기도 한다. 성인이 되면 면접, 연애를 어려워 해 취직이나 결혼이 늦어진다. 직업을 갖는 비율도 일반인에 비해 낮으며, 취직을 해도 리더십을 발휘하는 상황을 꺼려 승진이 늦은 것으로 알려져 있다.

특히, 서양의 경우 직업을 갖는 비율이 적고 연간 수입도 일반인보다 적은 것으로 보고되고 있다. 하지만 우리나라 경우에는 완벽한 성격, 성실한 태도 등으로 학력이 높고 경제적으로 안정된 환자들도 많은 편이다.

불안장애 중 가장 흔한 질환

1980년 이 전까지만 해도 사회불안장애는 잘 알려져 있지 않았다. 서양의 진단분류체계에서도 불안신경증의 일종으로만 알려져 있을 뿐 그에 대한 연구가 많지 않았던 것이 사실이다. 그러나 1990년대 중반 미국에서 실시한 대규모 역학연구(인구 집단을 대상으로 얼마나 많은 사람들이 특정 질병을 가지고 있거나 과거 가지고 있었는가를 조사하는 연구) 결과, 놀랍게도 미국에서 평생 유병율이 13.3%인 것으로 밝혀졌다. 즉, 미국의 경우 사람들이 일생동안 사회불안장애를 경험할 확률이 13.3%에 달한다는 것이다. 이는 매우 높은 수치이며 전체 정신과 질병 중 세 번째로 많은 것이다. 불안장애 중에서는 가장 높은 수치다. 이 연구결과 이후 많은 연구자들이 사회불안장애에 관심을 갖게 됐다.

사회불안장애는 다른 불안장애와 마찬가지로 여성에게 더 흔하다. 역학연구들은 여성이 1.5~2배 더 많은 것으로 보고하고 있다. 그러나 특징적인 것은 많은 임상연구 즉, 병원을 찾은 환자들의 연구를 보면 남성의 수가 더 많다는 것이다. 이는 전체 환자 수는 여성이 더 많지만 병원 등에서 치료를 받는 수는 남성이 더 많다는 것을 의미한다. 그만큼 남성들이 사회불안장애로 사회생활에서 겪는 각종 불편함과 고통이 더 크기 때문일 것이다. 그러나 최근 여성의 사회진출이 늘면서 병원을 찾는 여성 사회불안장애 환자들도 급속도로 늘고 있는 추세다.

사회불안장애 환자들이 두려워하는 상황은 크게 둘로 나눌 수 있다. 첫째는 남들 앞 즉, 어떤 사회적 상황에 서는 것이고, 또 다른 하나는 남들 앞에서 무언가를 수행하는 상황이다. 남들 앞에 나서는 것 자체만으로도 힘들지만 그 앞에서 무언가를 수행하는 것은 더욱 힘든 일이다. 가장 흔한 상황이 앞서 언급한 대중연설, 발표, 타인과의 대화, 잔치나 모임에 참석하기 등이다. 남들이 보는 공공장소에서는 식사를 잘 못 하거나 공중화장실에서 누가 있으면 볼일을 못 보기도 한다.

사회불안장애 환자들이 가장 흔히 호소하는 증상은 떨림이다. 남들 앞에서 발표를 하거나 대화 시에 손, 몸 등 신체의 일부나 목소리가 떨리는 것이다. 얼굴이 붉어지는 적면공포도 많다. 그 외에도 상대를 똑바로 보지 못하는 시석공포도 한국 등 동양권에 흔하다. 심지어 자신의 외모가 타인에게 불편함을 준다고 믿거나 자신에게 혐오스러운 냄새가 난다고 믿는 사회불안장애 환자도 있다.

더 긴장하려고 애쓰면 사라져

사회불안장애는 흔히 다른 정신장애를 동반한다는 것이 문제다. 사회불안장애가 만성화되면 이로 인한 스트레스로 대인관계 및 사회활동을 기피해 2차적인 우울증이나 다른 불안장애가 유발될 수 있다. 또한 증상을 잊거나 숨기려고 알코올, 약물에 탐닉하기도 한다. 그 결과 우울증, 공황장애, 강박증, 알코올 또는 약물중독 등을 동반한다. 대개 사회불안장애가 먼저 발병하고 2차적으로 다른 질병이 발병하기 때문에 사회불안장애를 조기에 발견해 빨리 치료하는 것이 중요하다. 하지만 앞서 말했듯이, 가족뿐 아니라 본인도 이를 병이라고 인식하지 못하는 것이 문제다.

사회불안장애의 치료 목표는 대인공포 상황에서의 불안과 회피 행동을 조절하고, 사회불안장애로 인한 각종 장애 및 합병증을 치료해 삶의 질을 개선하는 것이다. 꾸준히 치료하면 현저히 좋아질 수 있으며 완치되는 경우도 많다.

사회불안장애의 치료는 크게 정신치료와 약물치료로 나뉜다. 정신치료 중에서는 다양한 기법이 동원되는데 가장 많이 연구되고 임상에서 널리 적용되는 것은 인지행동치료다.

인지행동치료란 사회불안장애와 관련된 잘못된 인지와 행동을 수정해 치료하는 방법이다. 다양한 인지행동치료 기법이 동원되는데 가장 중요한 것은 인지치료다. 인지치료란 사회불안장애와 관련된 환자의 잘못된 생각과 행동들을 이해하고 교정하는 것을 목적으로, 개인 혼자보다는 집단으로 치료하는 것이 더욱 효과적이다.

치료는 사회불안장애에 관한 여러 가지 교육과 토론, 잘못된 생각들을 찾아내고 이를 합리적으로 바꾸는 인지치료, 어려운 상황에 맞서는 노출치료 등 다양한 방법으로 진행된다. 예를 들어 사람들 앞에 서면 얼굴이 붉어지는 경우, 비디오 촬영을 통해 주변 상황을 보여주면 생각처럼 사람들이 자신에게 주목하지 않는다는 것을 알게 돼 불안감을 벗는 데 도움이 된다.

흔히 이용되는 치료기법을 간단히 소개하면, 인지치료, 노출요법, 역설지향기법, 확인기법, 사회기술훈련, 광고기법, 이완훈련, 호흡재훈련 등이 있다. 이중 역설지향기법은 불안과 증상을 숨기려하지 말고 오히려 더 드러내려고 노력하면 불안을 줄일 수 있다는 것이다. 즉, 역설적으로 더 긴장하려 하거나 붉어지려고 애를 쓰면 신기하게 증상이 나타나지 않아 병적인 불안도 가라앉는다.

많은 사회불안장애 환자들은 이를 병으로 여기지 않다가 만성화시키기 쉽다. 이로 인해 학교생활, 사회생활, 친구관계 등에서 어려움을 겪게 된다. 그래서 많은 사회불안장애 환자들이 학교나 직장을 그만두거나 대인관계를 회피하고 연애나 결혼 생활에 어려움을 호소하는 것이다. 따라서 어느 질환 못지않게 조기 발견, 조기 치료가 중요하다. 특히 가족이나 주변사람들의 지지와 격려가 안도감과 자신감을 준다.

💡 은둔형 외톨이(히키코모리)란?

흔히 일본어로 히키코모리라 불리는 은둔형 외톨이는 집안에서 두문분출하며 외톨이로 지내는 사람들을 일컫는 말이다. 사회불안장애, 우울증, 조현병 등의 결과로 나타나는 극단적인 증상이다. 일본에서 처음 연구되었고 한국에서도 임상보고가 늘고 있다. 히키코모리라는 명칭을 처음 소개한 일본인 정신과의사 사이토 박사는 그 뜻을 다음과 같이 정의했다.

첫째, 자신의 집 안에 은둔하기 시작한 환자. 둘째, 그 기간이 최소 6개월 이상 지속되고, 셋째, 발병 연령은 10대에서 20대 후반이며, 넷째, 다른 정신과적 질환으로는 '도태'되는 증상을 설명할 수 없는 경우.
보다 이해를 돕기 위해 사이토 박사가 보고한 대표적인 사례를 소개하겠다.

중산층 부모를 둔 19세의 일본인 남성이 있었다. 그는 2년간 하루 23시간 이상을 자신의 방에서 보냈다. 음식은 어머니가 쟁반에 담아 방문 앞에 두면 가져다 먹고 하루 종일 자다가 저녁에 깨어나 인터넷 서핑, 인터넷 게시판 활동, 만화책 읽기, 비디오 게임 등을 하면서 지냈다. 학업 성적은 좋은 편이었으나 내원 2년 전 학교를 중퇴했다. 중학교 때도 결석이 잦고 친구들과 어울리는 것을 피했는데 이는 초등학교 때 괴롭힘을 당한 기억이 있기 때문이었다. 부모의 독려에도 직업학교에 나가거나 일자리를 구하려 하지 않았고 억지로 데려간 몇몇 정신건강의학과에서는 '우울증', '음성형 조현병'이라는 진단을 받았다.

이렇듯 은둔형 외톨이들은 현대 정신의학적 진단체계로는 따로 진단이 안 되는 독특한 특징을 보이기 때문에 일종의 문화 증후군처럼 보고되기도 한다. 은둔형 외톨이의 원인으로는 특히 사회문화적 요인이 지적되고 있는데 젊은 세대의 목표의식 및 동기 부족, 일본의 경제적인 여유로 젊은이들이 느끼는 일의 가치 저하, 덜 엄격한 부모 등을 들 수 있다. 또한 전통적으로 자녀들이 결혼 전까지 부모와 함께 살아 왔기 때문에 직업이 없는 은둔형 외톨이들이 부모님 지원 하에 수년간 지낼 수 있고, 출산율 감소로 독방을 사용해 사회와 한층 더 격리된 것도 원인이 된다고 한다.

치료는 다른 정신질환과 같이 정신치료와 약물치료를 병행하는 것이 효과적인 것으로 알려져 있다. 정신치료는 환자와 부모를 포함한 가족치료, 사회적 접촉을 점차 늘려가는 노출치료, 다른 은둔자와 함께하는 환경치료, 직업 훈련을 목적으로 하는 직업 재활치료가 적용될 수 있다. 약물치료로 항우울제를 사용할 수 있는데, 10년간 방 안에만 고립돼 있던 환자에게 대표적 항우울제인 선택적 세로토닌 재흡수 억제제가 효과가 있었다는 사례 보고가 있다. 그러나 아직 항우울제의 효능이나 정신치료와 비교한 정교한 무작위 비교 연구결과는 부족하다. 그 외에도 펫 테라피라는 동물과 많은 시간을 보내는 것이 효과적이었다는 보고도 있다.

은둔형 외톨이 또는 히키코모리라는 명칭은 다른 정신질환 용어에 비해 편견이 덜하기 때문에 일반적으로 널리 사용되지만, 아직도 많은 정신건강의학과 의사들 사이에서는 이를 독립된 정신질환 진단체계에 포함시킬 수 있는가에 대해 논란이 많다.

Mind Clinic

걱정을 떨치는
수용전념치료

　　수용전념치료의 핵심은 불필요한 생각과 감정을 통제하려는 욕구를 버리고 현재의 순간에만 집중, 삶에서 가장 중요한 가치와 일관된 행동에 전념하도록 유도하는 것이다. 즉, 수용과 변화를 중심으로 이뤄지는 치료법이다. 어렵겠지만 가치 있는 행동을 취할 수 있도록 생각과 감정을 수용하도록 하는 것이다.

　　이러한 수용전념치료를 활용하면 만성적인 걱정이 발생하더라도 미래의 불확실성과 불안함을 받아들여 현재에 더욱 전념할 수 있게 된다. 수용전념치료는 불안, 약물남용, 식이장애, 외상스트레스 장애, 부부갈등, 성격장애 등의 치료에 효과적이다. 채드 르쿤느 박사는 수용전념치료를 일상생활에서 직접 적용할 수 있도록 다음과 같이 5단계로 나눠 설명했다.

1단계 : 걱정에 꼬리표 붙이기

　　대부분의 사람들은 자신도 모르게 걱정의 덫에 빠지게 된다. 때로는 불안이 심해질 때까지 인식하지 못하는 경우도 있고, 드물게는 걱정을 하고 있으면서 오히려 자신은 문제를 해결하는 중이라고 착각하는 경우도 있다. 따라서 머릿속을 오가는 수많은 생각 가운데 걱정을 분류해 꼬리표를 붙여주는 작업이 필요하다.

특정한 생각을 확인하고 걱정으로 분류하려면 다음의 두 단계를 거쳐야 한다. 첫 번째 단계는 자신이 지금 하고 있는 생각의 내용을 파악하는 것이고, 두 번째 단계는 생각의 내용 중 비생산적인 것으로 판단되는 것들을 추려내 걱정으로 분류하는 것이다.

지나치게 걱정이 많은 사람들은 이렇게 걱정을 분류하는 작업만으로도 고통이 줄어드는 효과를 경험할 수 있다.

특히 걱정을 분류하면 머릿속을 어지럽히던 생각들로부터 거리감이 생겨 걱정과 자신 사이에 분명한 선을 그을 수 있게 된다. 또한 이런 분류 작업으로 자신을 괴롭히던 생각들이 사실은 걱정에 불과했음을 깨달을 수 있다.

2단계 : 통제 욕구 버리기

일반적으로 사람들은 문제에 부딪히게 되면 그 문제를 제거하거나 통제하려는 욕구가 발생한다. 그러나 걱정에 대해 자발성을 발휘하려면 제일 먼저 걱정에 대한 통제 욕구를 버려야 한다. 이는 구덩이 속에 빠졌을 때는 일단 삽을 버려야 하는 것과 같은 이치다.

통제 욕구 버리기란 불안이나 걱정을 없애 버리려 하지 말고 그들을 통제하려는 욕구를 마음속에서 버리라는 것이다. 걱정과 불안을 제압하려는 몸부림을 그만두는 데 목적이 있다. 스티븐 헤이즈 박사는 이를 두고 밑도 끝도 없는 구덩이를 사이에 두고 괴물과 줄다리기를 하는 것에 비유했다.

즉, 구덩이의 반대편에 괴물이 있는데 괴물은 당신이 두려워했던 생각과 감정들로 만들어진 것이다. 이 무시무시한 괴물을 들여다보면 공포감을 안겨주는 걱정들이 보인다. 이때 괴물과 줄다리기를 하는 상황이 되면 사람은 구덩이 속으로 빠지지 않으려고 필사적으로 줄을 당기게 된다. 그러나 괴물은 꿈적도 하지 않는다. 이렇게 밧줄을 당기는 행위는 걱정을 통제하려는 노력과 같다.

그러나 이는 매우 소모적인 싸움이다. 사람이 괴물을 이기기 위해 노력하면 할수록 괴물의 힘은 오히려 강해지기 때문이다. 이 경우 반대로 밧줄을 놓아버린다면 어떻게 될까?

밧줄을 놓아버리면 괴물은 여전히 당신을 노려보겠지만 밧줄을 놓아버렸기 때문에 구덩이에 빠질 확률이 줄어들었고, 당신과 괴물은 구덩이의 존재를 인식한 채 각각 안전하게 존재하게 된다.

즉, 이렇게 통제 욕구 버리기 훈련을 통해 고통스러운 감정이나 생각을 버리기보다는 이런 생각이나 감정을 변화시킨다. 이런 통제 욕구 버리기를 통해 다음 단계인 자신의 생각과 감정을 관찰하고 수용할 수 있는 장을 마련하게 된다.

3단계 : 생각과 감정 받아들이기

이는 본격적으로 수용하기를 실천하는 것이다. 이때는 두 가지 개념이 중요하다. 그 중 첫 번째 개념은 당신이 걱정거리보다 훨씬 큰 존재라는 것이다. 자신의 생각, 감정, 경험으로부터 더 큰 존재인 자신을 분리하게 되면 관찰자로서 당신이 무엇을 목격하고 경험했든 간에 이들을 더욱 잘 수용할 수 있다.

두 번째 개념은 생각이 가리키는 사물, 사람, 사건들과 생각을 따로 분리하는 법을 배우는 것이다. 이를 '인지적 탈융합'이라고 부르기도 한다. 생각들이 그 생각을 일으킨 사물이나 사람과 연관을 맺고 있기 때문에 이를 서로 구분하는 작업을 의미한다. 물론 쉬운 작업은 아니지만 자신의 생각과 감정을 관찰하는 것만으로도 좋은 출발이라 할 수 있다.

수용전념치료에서는 깨어있음이 중요하다고 강조한다. 4단계가 깨어있음을 구현하는 단계다. 전 단계인 수용의 단계가 자신의 감정과 생각을 인식하는 단계였다면 깨어 있음은 주어진 순간에 경험하는 모든 것을 인식하고 열린 자세로 자신의 경험을 관찰하는 것이다. 깨어 있음으로써 사람들은 생각, 감정, 감각과 같은 주관적인 경험들을 객관적으로 볼 수 있게 된다.

여기서 중요한 것은 걱정을 하다 보면 자주 과거나 미래에 초점이 맞춰지는 데 반해, 깨어 있으면 현재 상황에 집중이 가능해진다는 점이다. 4단계는 전 단계인 수용을 확장시켜 감정이나 생각뿐 아니라 현재 이 순간에 겪는 모든 경험까지 받아들이는 단계다.

걱정이 지나친 사람들은 문제가 발생하면 문제를 회피하거나 미루려 한다. 또한 일상생활에서 의심이 가는 부분이 생기면 확실해질 때까지 아무것도 할 수 없다. 따라서 일상생활에 큰 지장을 받는다. 실제로 이 마지막 단계는 수용전념치료의 전념에 해당하는 것인데, 이는 나아갈 방향을 선택하고 특정한 행동에 전념하며 특정 행동을 끝까지 해내는 과정을 의미한다.

이때 나아갈 방향은 개인이 가장 중요하게 여기는 가치에 의해 결정돼야 한다. 특히 삶의 중요한 가치들을 명확히 인식하고 이런 가치를 나침반 삼아서 앞으로 나아갈 올바른 방향을 잡아야 한다. 이를 통해 어떤 행동이 자신의 가치와 가장 부합되는지 판단하고, 주어진 선택에 따라 생각하고 느끼고 경험할 때에도 자발적으로 행동할 수 있어야 한다.

이렇게 수용전념치료는 단계가 있기는 하지만 이들 단계는 서로 연결돼 있는 하나의 유기체와 같은 것이다. 즉, 걱정에 꼬리표 붙이기는 2단계인 통제 욕구 버리기의 준비 단계가 되고, 통제 욕구 버리기는 생각과 감정 그리고 현 시점에서 겪은 경험들을 수용할 수 있는 여유를 만들어 준다. 이는 계속해서 올바른 방향으로 전념할 수 있게 도와준다.

05

특명! 살과의 전쟁

15세 중학생인 윤 양은 밥을 너무 안 먹어 심하게 마른 상태다. 급기야 식욕마저 잃어 입원을 하게 됐다. 윤 양은 사춘기에 들어서면서 자신이 남들보다 살이 많이 쪄 보기 싫다고 생각해 밥 먹는 것을 피했는데, 이제는 밥맛이 없어 도저히 식사를 할 수 없다고 했다. 놀라운 것은 몸무게가 40kg이 안 될 정도로 마른 체형인데도 자신은 살이 쪘다고 믿고 식사를 거부했던 것이다.

이에 반해 이 양은 마구 먹고 토하기를 반복하며 괴로워했다. 이 양은 한 번 먹기 시작하면 공깃밥 3~4그릇에 식빵 두 줄을 먹어 치우고 도저히 더 먹을 수 없을 것 같은데도 우유를 두 병이나 마신다. 그리고 조금 지나면 화장실로 달려가 구토를 한다. 이 양은 학교에서 조그마한 자극만 받아도 집에 오는 대로 마구 먹고 토하기를 반복해 병원을 찾게 됐다.

위와 같이 음식을 거부하거나 반대로 너무 많이 먹어 문제가 되는 경우를 식이장애(섭식장애)라 한다. 이는 식사와 관련된 이상행동은 물론,

구토, 하제(설사약)나 이뇨제 사용 등 체중 및 체형에 대해 이상을 보이는 것을 모두 일컫는 말이다. 이렇게 병적으로 체중과 체형에 집착하는 사람들이 늘면서 식이장애가 정신질환의 한 종류로 자리 잡은 지 오래다.

식이장애에는 크게 음식을 먹지 않으려고 거부하는 '신경성 식욕부진증'과 너무 많은 양의 식사를 하는 '신경성 대식증', 간헐적인 폭식을 하는 '폭식장애'가 있다. 이렇게 몸무게에 몰두하거나 불안이나 결핍을 폭식으로 채우려는 것은 그만큼 자존감이 약해 식사행동의 중심을 잡지 못하기 때문이다.

주로 사춘기에 발병하는 신경성 식욕부진증은 체중 증가에 대한 극도의 두려움을 갖고 있어 음식을 거부하기에 흔히 거식증으로 불린다. 처음에는 남들처럼 평범하게 다이어트를 시작했다가 브레이크가 고장난 자동차처럼 통제불능의 사태에 이르는 경우도 있다. 타인들의 시선이나 평가에서 희열을 느껴 점차 강박적으로 빠져들게 된 것이다.

이들은 위 사례의 윤 양과 같이 말랐지만 자신은 뚱뚱하다는 왜곡된 인식을 갖고 있다. 게다가 기분 변화가 심하며 자신을 통제하려는 완벽주의자 성향이 강하다. 신경성 식욕부진증은 몸무게에 목숨을 걸다가 실제 목숨을 잃을 수도 있는 무서운 질환이다.

이에 비해 일명 폭식증으로 불리는 신경성 대식증은 단시간에 많은 양의 음식을 폭식한 뒤 이어서 구토나 하제를 사용해 설사를 유도하고, 극심한 운동, 다이어트로 체중이 느는 것을 막는다. 그래서 신경성 대식증 환자들은 겉보기에는 정상 체중을 유지하고 있는 경우가 많다. 하지만 폭식과 구토 후에는 심한 죄책감을 느끼며 자기모멸감, 우울증에 빠지기도 한다.

폭식장애도 단시간에 많은 음식을 섭취하며 음식에 대한 조절 능력이 떨어지는 것은 신경성 대식증과 비슷하다. 그러나 신경성 대식증이 보상행동 즉, 토하거나 하제를 사용해 살이 찌는 것을 막으려 하는 것에 비해, 폭식장애에는 이런 보상행동이 보이지 않는다. 따라서 폭식장애 환자들은 비만인 경우가 많다.

신체 및 정신건강까지 위협하는 식이장애

특히 외모에 관심이 많은 청소년기에는 날씬한 몸매에 대한 환상에 빠져 무리한 다이어트를 하거나 극심한 학업, 교우관계, 외모 등의 스트레스를 견디다 못해 폭식으로 해소하려는 경향이 있다. 흔히 스트레스가 쌓이면 초콜릿이나 케이크 등 당분이 많은 음식을 찾게 되는데 순간적으로 스트레스가 이완되면서 진정되는 효과가 있기 때문이다.

식이장애는 최근 20년 동안 폭발적으로 증가해왔다. 특히 청소년이나 젊은 여성에게 흔해 미국을 비롯한 서구사회의 경우, 신경성 식욕부진증과 신경성 대식증의 전체 환자 중 약 90~95%가 여성이라고 한다. 그 중에서도 체형이나 체중에 관심이 많은 직업, 예를 들면 모델, 무용수, 운동선수, 연예인 등에게 많이 발병한다. 그러나 남성이라고 식이장애가 없는 것은 아니다.

물론, 식이장애는 정상적인 다이어트 즉, 정상적인 식사 조절과는 구별돼야 한다. 이를 구별하는 첫 번째 기준은 '음식이나 체중에 대한 가치가 다른 가치보다 우선하는가'이다. 식이장애 환자들은 음식이나 체중이 언제나 1순위를 차지해 일, 학업, 대인관계 등 모든 일상이 음식 섭취에 좌우된다. 둘째는 음식 섭취의 목적이 생리적 목적이 아니라 자신의 심리적 문제를 표현하거나 해결하기 위한 수단이라는 것이다.

하지만 정작 본인은 이를 심각한 문제로 인지하지 못한다는 것이 식이장애 환자의 문제점이다. 특히 초기에는 가족들도 눈치채지 못하는 경우가 많아 수년간 병을 키운 뒤 성인이 돼서야 병원을 찾게 된다. 이렇게 증세가 진행되면 음식을 먹게 하거나 못 먹게 하려는 가족과의 갈등이 극에 달아 가정은 엉망이 되고 만다.

또한 청소년기는 성장과 발달이 한창 진행되는 시기이므로 신경성 식욕부진증에 빠지면 성장 자체가 지연될 수 있다. 따라서 청소년기 자녀에게 식이장애 조짐이 보이면 심각한 상황으로 인식해야 한다. 식이장애는 단순히 개인의 문제가 아니라 가족의 문제가 될 수 있다.

식이장애의 진단 시에는 정신적인 문제의 평가와 신체적인 문제의 평가가 동시에 이뤄져야 한다. 즉, 식이 문제와 연관된 태도나 병력에 대한 조사, 정신과적 질병 유무, 발달상의 문제 여부, 대인관계 갈등, 가족력에 대한 조사 등이 모두 포함돼야 하며, 그 외에 심리사회적 스트레스, 학업 및 직업상태 평가 등도 종합적으로 조사해야 한다.

특히 주요 우울장애와 감별해야 하는데, 주요 우울장애는 체중 감소에 대한 지나친 욕구나 체중 증가에 대한 과도한 두려움을 나타내지 않는다. 조현병도 때로 괴이한 식사행동이나 체중 감소가 나타날 수 있으나 신체상의 왜곡이나 체중 증가에 대한 두려움은 없다.

신경성 대식증의 경우 감별해야 할 질환으로 대표적인 것이 클라인 레빈 증후군이다. 클라인 레빈 증후군은 1년에 몇 차례씩 폭식과 과다 수면 및 과잉행동 등을 보이는 것으로 그러다가 저절로 사라지는 특징이 있다. 또한 체형이나 체중에 대한 걱정이 없다. 비전형 우울장애에서도 과도한 폭식이 나타날 수 있는데 이 경우에도 체중이나 체형에 대한 과도한 걱정이 없다. 경계성 인격장애 환자들도 때로 폭식이나 하제 사용 등 충동적 행동을 보이기 때문에 감별이 요구된다.

식이장애는 이차적으로 우울장애와 같은 기분장애를 유발하기 쉽고, 강박장애, 사회불안장애, 알코올과 약물사용 장애가 합병되기 쉽다. 물론 이들 정신질환은 식이장애의 원인이 되기도 하고, 식이장애의 결과로 나타나기도 하기 때문에 특히 유의해야 한다.

음식으로 표출되는 이상심리

식이장애는 사회문화적 원인, 생물학적 원인, 심리적 원인들이 맞물려 작용하는 복잡한 정신질환이다. 우선 사회문화적으로는 날씬함을 최고 가치로 여기는 외모 지상주의 사회가 식이장애를 부추기고 있는 것이다. 날씬함은 현대사회에서 이성적 매력의 척도일 뿐 아니라 성실함, 자기관리능력의 평가 기준이 되기도 한다. 미국이나 유럽에서는 비만이라는 이유로 승진에 불이익을 주기도 한다는 이야기를 들어본 적이 있을 것이다. 살찐 사람들에게는 항공요금을 더 받아야 한다는 주장도 있었다.

이렇게 사회나 개인은 날씬하기를 바라지만 실제는 음식 섭취량 증가와 활동량 감소로 체중이 늘 수밖에 없는 사회구조이기도 하다. 그래서 이상과 현실 사이에 괴리가 발생한다. 이는 자신의 신체에 대한 불만족을 초래하고, 결국 심한 다이어트를 유도해 식이장애 발병률을 높이고 있다.

생물학적 원인으로 흔히 유전을 꼽고 있는데 아직 그 근거는 부족하다. 하지만 분명히 가족력은 있는 것으로 알려져 있다. 가족력도 유전의 영향보다는 가족의 가치관이나 생활습관, 양육태도가 더 큰 영향을 주는 것으로 보고되고 있다.

식이장애에서 가장 치명적인 문제는 음식과 체중에 지나치게 관심을 집중하고 있다는 것이다. 최근에는 먹는 것이 단지 몸에 영양과 에너지를 공급하는 의미가 아니라 사랑, 편안함, 관계, 오락 등의 의미를 내포하고 있어 심리적인 이유로 식이장애를 유발하기도 한다. 식이장애 환자들은 이러한 부가적 의미를 더 중시하기 때문에 식사 본연의 기능을 상실한 것과 같다. 즉, 자존감의 문제, 미래에 대한 불확실성 등을 음식과 체중으로 해결하려는 잘못된 생각을 갖고 있는 것이다.

가족 간의 관계문제에서 식이장애가 나타난다는 연구도 있는데, 신경성 식욕부진증 환자들의 경우 가족 간에 지나치게 밀착돼 있으며, 경직성, 과잉간섭, 문제해결의 지연, 부모의 문제에 아이들이 필요 이상 개입하는 것들과 관련이 있다고 보고됐다. 반대로 신경성 대식증의 경우에는 부모의 양육 원칙이 쉽게 바뀌고 감정적이며 충동적이어서 가정이 안정적이지 않다는 보고도 있다. 이 또한 이런 가정환경이 식이장애의 원인인지 아니면 그 결과인지에 대해서는 논란이 있다.

가족치료로 식생활, 가족관계 개선해야

식이장애의 다양한 원인들만큼 치료방법 또한 신체적, 심리적, 사회적 요인들을 복합적으로 적용한 다차원적 진행모델을 활용하는 것이 효과적이다. 주로 외래에서 통원치료를 받게 되지만 내과적인 합병증이 심하거나 심각한 정신질환이 합병돼 있는 경우는 입원이 필요하다. 치료 시에는 환자는 물론 가족의 적극적인 참여가 필수적이다.

즉, 잘못된 가족과의 관계나 생활습관을 바로 잡고, 가족 구성원 간의 유대감을 강화해야 효과를 높일 수 있다. 특히 '그만 먹어라', '뚱뚱하다' 등 체중과 외모에 대한 발언을 삼가야 한다. 식이장애는 수치심을 동반하기 때문에 부정적으로 지적하면 방어기제만 강화시킬 뿐이다. 가족치료를 통해 가족들이 식이장애에 대한 정확한 지식을 갖고 환자에게 보다 여유 있는 태도로 접근하는 것이 중요하다. 치료 효과를 너무 채근하지 말고 느긋하게 기다려줘야 한다.

치료의 목표는 일단 체중과 식습관을 정상화시키는 것이며, 장기적으로는 정상화한 체중 및 식습관을 유지하는 것이다. 치료를 할 때는 영양회복이 동반돼야 하며 이를 지속하기 위한 영양교육도 포함된다.

건강한 식사습관을 들이기 위한 행동치료도 동반되는데, 규칙적인 식사를 하고 식사행동 일기에 먹은 시간, 장소, 음식의 종류와 양을 기입한다. 당시 기분이나 생각을 기록하는 것도 도움이 된다고 한다. 또한 친구에게 전화하기, 집안일 하기, 목욕하기, 산책하기, 명상이나 이완운동, 독서, 음악 감상 등 폭식을 대체할 수 있는 행동을 개발해 주의를 분산시키는 것이 좋다.

이후에는 인지치료 등 정신치료로 올바른 신체상을 확립하고, 스트레스 해소 및 문제해결 능력을 키우고 건강한 활동을 개발해 신체와 체중에 대한 잘못된 인식을 바로잡아야 한다. 어느 정신질환이나 마찬가지이지만 자존감을 회복하는 것이 급선무다. 그리고 궁극적으로는 식이장애로 가려 있던 왜곡된 인생의 목표를 바로 잡아야 한다.

내면을 치유하는 음악치료

음악치료란 건강을 도모하고 바람직한 행동을 증진시키기 위해 치료사가 음악을 체계적으로 사용하는 것을 의미한다. 즉, 음악치료사의 지도에 따라 각종 음악활동에 참여하는 것이다. 물론 음악치료는 개인의 음악기술을 향상시키려는 것이 아니라, 불만족스럽고 바람직하지 못한 개인의 각종 행동들을 바람직한 행동으로 바꾸기 위해 음악을 하나의 도구로 사용하는 것이다.

음악치료는 음악 감상뿐 아니라 연주, 노래 부르기, 가사 만들기 등 다양하다. 치료과정에서 음악치료사는 개인별 현재의 기능과 문제 상황들을 이해하고 치료의 목적과 목표를 설정한다. 결과들을 주기적으로 평가하면서 치료목표가 달성될 때까지 음악치료를 지속하게 된다.

물론 음악치료는 주로 음악치료사가 진행하지만 심리치료사나 언어치료사들이 시행하기도 한다. 이 경우 음악치료에 대한 지식은 필수다.

음악치료는 스트레스를 받았을 때 가장 먼저 반응을 보이는 자율신경계에 영향을 미쳐 각종 자율신경계 증상들, 예를 들면 혈압, 호흡, 심박동을 조절하는 데 도움을 주며, 신진대사나 호르몬 분비에도 영향을 준다. 물론 음악은 심리적으로 사람의 기분을 변화시키는 힘을 갖고 있다.

음악 감상

치료사가 들려주는 음악을 감상하는 것. 주로 스트레스로 인한 긴장을 이완시키고 긍정적인 정서를 함양할 목적으로 사용된다. 우울감을 감소시키는 효과도 있다.

음악 감상은 면역체계 중에서 임뮤노글로불린이라는 면역 단백질의 수준을 의미 있게 상승시킨다고 한다. 즉, 면역 기능을 향상시키는 역할을 하는 것이다.

음악 감상의 자율신경계 관련 연구들은 음악을 통한 청각적 자극이 시상과 망상 신경계에 작용함으로써 의미와 기억연상을 일으키게 되는데 이런 기억은 정서를 유발하게 되고, 이는 다시 호흡, 맥박 등의 생리적 반응에 영향을 준다고 한다. 즉, 음악의 멜로디나 화음의 종류에 따라 여러 가지 정서를 경험하게 되고 이로 인해 자율신경계가 반응하게 되는 것이다.

물론 일반적으로는 너무 자극적인 음악을 들으면 자율신경 중 교감신경이 활성화돼 혈압이나 맥박 수가 증가하게 되고, 반대로 조용한 음악을 들으면 부교감신경이 활성화돼 안정감을 찾게 된다. 전문가들은 이런 변화들은 리듬과 관련돼 있다고 설명하는데, 음악의 규칙적인 리듬은 인간의 생리적 반응들과 관련성이 높다고 한다. 즉, 인간의 신체는 호흡 수나 맥박 수 등 자신만의 고유 리듬을 가지고 있는데 이런 신체리듬이 음악과 같은 외부 리듬에 영향을 받는다는 것이다.

음악치료 시 들으면 좋은 음악

- 감정상태를 이해하는 데 도움이 되고 현재의 감정을 지지할 수 있는 음악
- 리듬이 규칙적이고 변화가 심하지 않아 예측 가능한 음악. 고전음악이나 쉽게 접할 수 있는 대중음악
- 형식이 두드러진 음악. 일정한 리듬이 있는 음악
- 작은 실내악이나 독주곡
- 느리고 정적이면서 멜로디가 강조된 음악
- 부드러운 음향의 기악곡

노래 부르기

이 경우 노래를 부른다는 표현 수단으로서의 음악은 말로 표현할 수 없

는 스트레스 상황과 억눌린 감정을 외부로 표현하고 해소할 수 있도록 돕는 작용을 할 수 있다.

아이가 엄마의 노래를 들으면 편안함을 느끼는 것처럼 노래는 인간 내면의 상처 받은 자아를 회복하는 데 중요한 역할을 한다.

따라서 노래를 부르는 것은 상처 받은 내면의 마음을 스스로 치유하고 이를 통해 스트레스로 인한 각종 정서적 문제를 해결하는 데 도움을 준다. 더 나아가 문제에 적극적으로 대처할 수 있도록 사고를 전환시켜 준다.

악기 연주

악기를 연주하게 함으로써 불안, 우울 등의 정서를 털어버리고 짜증이나 화 등 부정적인 행동을 감소시키는 효과를 기대할 수 있다. 자신의 감정을 악기에 이입해 연주함으로써 자신의 부정적 감정을 쉽게 표출할 수 있고 그런 소리의 피드백을 통해 자신과 타인의 감정과 생각을 이해할 수 있게 된다.

또한 악기를 연주하는 행동 자체가 자신을 이완시키는 역할을 하기도 한다. 이런 연주 활동은 신체적, 심리적 증상조절에 효과적이라고 한다. 비록 연주를 잘하지 못하더라도 연주를 통해 자신의 감정을 표현하고 지각함으로써 자신의 내면세계와 의사소통할 수 있는 기회를 갖게 된다. 그리고 이런 내면세계와의 소통은 내면의 성찰을 일으켜 자연스럽게 긍정적인 자아상과 자신감을 갖도록 도와준다.

또한 집단으로 연주하는 경우에는 대인관계 문제해결에도 도움이 된다. 인간의 음악적 행동은 사회적인 행동을 보여주는 것인데 음악적 상호작용에서 긍정적인 경험을 하게 되면 개인의 사회적 행동에 좋은 작용을 해 타인과의 관계 개선에도 도움을 준다.

노래 만들기

이는 자신의 생각과 느낌을 표현할 수 있도록 안전하고 잘 짜인, 그러나 유연한 음악적 기회를 제공하는 것이다. 특히 노래 만들기 치료는 집단으로 적용하는 경우가 많다.

이때 스트레스로 인한 부정적 감정을 확인하고, 집단원들의 인정과 승인을 통해 신뢰할 수 있는 환경 속에서 감정을 표출하고 해결할 수 있는 기회를 갖게 된다.

구체적인 방법은 일반적인 작곡과 달리 노래 중에 한 단어를 자신의 말로 바꾸어 부르거나 개사하기, 멜로디 만들기 등 각자의 수준에 맞게 창작

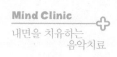
하는 것이다.

특히 노래 만들기는 스트레스 상황에서 적극적으로 대처할 수 있는 조직적이고 계획적인 사고를 확장시켜 줄 수 있다. 즉, 자신의 감정이나 생각을 표현함으로써 책임감과 결정력을 키워 준다.

Part. 5

노년 부모를 위한
마인드 클리닉

노년기를 삶을 정리하는 시간으로만 보지 말자.
충분히 새로운 행복을 추구하며 살 수 있는 시기라는
인식의 전환이 필요하다.
노인 스스로도 적극적으로 자신의 행복을 찾아야 한다.
노년기에 생활의 활력을 유지하면
신체의 방어기제를 높여 건강한 삶을 이어갈 수 있다.

01

이제는 버려야 할
노인에 대한 편견

TV 프로그램 '꽃보다 할배'의 출연자 4명(이순재, 신구, 박근형, 백일섭)은 모두 70세를 훌쩍 넘은 나이다. 하지만 프랑스, 스페인, 그리스 등을 종횡무진하며 20대 청춘의 전매특허였던 배낭여행의 낭만을 유감없이 보여줘 인기를 끌었다. 다큐멘터리 영화로서는 적지 않은 관객을 모았던 '님아, 그 강을 건너지마오'는 노부부의 사랑도 젊은이 못지않게 지고지순하다는 점을 보여주며 노년의 사랑을 재조명했다. 물론 관객들의 눈물샘을 자극하며 큰 감동을 전했다.

최근 노인 인구가 급증하면서 나이는 숫자에 불과하다는 말을 몸소 보여주는 젊은 노년들이 노인에 대한 인식을 바꿔주고 있다. 과거에는 60세만 넘어도 할아버지, 할머니로 불렸지만 이제 당사자는 물론, 아무도 60세를 할아버지, 할머니라 생각하지 않는다. 그만큼 젊고 건강하기 때문이다. 그래서 사회 일각에서는 노인 기준 연령을 65세에서 70세로 높여야 한다는 주장이 일고 있다.

현재 각종 법령에서는 노인을 65세 이상으로 규정하고 있다. 이는 1950년 유엔 경제사회이사회 총회에서 65세를 각국의 고령화 지표 기준으로 정한 데 기인하는 것이다. 하지만 건강 및 평균 수명이 급속도로 늘어난 현대사회에서는 65세라 해도 한창 활발하게 활동할 나이이다. 보건복지부가 2015년 4월 발표한 '2014 노인 실태조사' 보고서에 따르면 노인연령 기준에 대해 '70세 이상'이라고 응답한 비율이 78.3%로, 10년 전인 2004년보다 9.8% 포인트 높아졌다.

평균 수명 100세 시대에 걸맞게, 건강하고 활기찬 노년들을 보며 이제 다음과 같은 노인에 대한 편견은 버리길 바란다.

▌ 노인은 대부분의 시간을 누워 지낸다?

물론 노년기에는 이런저런 병에 걸리기 쉽다. 그러나 한 조사에 따르면 노인이 아파서 누워있는 기간은 평균적으로 1년에 3일 정도이며, 그를 제외한 대부분의 시간은 건강하게 활동한다고 한다. 또한 많은 노인이 병원과 시설에서 생활하고 있다고 믿는데 실제로는 약 4%의 노인만이 병원과 시설에서 보내고 있다. 즉, 대부분의 노인들은 신체적으로 건강하게 지낸다는 것이다.

게다가 나이가 들면 신체능력이 급격히 저하된다는 것도 잘못된 편견이다. 노인의 신체적 능력은 사람에 따라 차이가 크다. 노년기에 체력이 급격히 약화되는 이들도 있지만 개인에 따라 좋은 신체기능을 유지하는 경우도 많다. 신체적 능력이 감소하는 것은 노화과정의 일부라기보다 운동과 활동이 감소하기 때문인 경우가 많다. 한편, 성적 능력이 떨어진다는 편견도 있는데, 실제 연구에 의하면 대부분의 노인들은 70대까지 성적 활동을 할 수 있다고 한다.

▌노인은 정신활동이 쇠퇴한다?

정신능력이 20대 이후 계속 쇠퇴한다는 것은 편견이다. 다소 기복이 있고 일부 반응시간이 감소하는 등 변화가 있지만 실제 대부분의 노인들은 창조적이고 자신이 하던 일을 지속하는 데 무리가 없다. 오히려 노인은 정신적으로 훨씬 성숙되고 뇌의 지속적인 개발로 보다 창조적인 활동을 할 수 있다는 주장도 있다.

▌노인에게는 정신질환이 흔하고 치유가 어렵다?

물론 치매와 같은 질병이 노년기에 흔하기 때문에 그런 편견이 있을 수 있다. 그러나 주요 우울장애, 불안장애 같은 경우는 젊은 성인에 비해 그 발생빈도가 더 낮은 것으로 알려져 있다. 또한 최근에는 치료방법의 발달로 노년기에도 젊은 성인 못지않은 치료효과를 얻고 있다.

▌노인들은 사회적으로 고립돼 있다?

최근 독거노인이 늘면서 노인들은 외롭고 가족으로부터 고립돼 있다고 생각하기 쉬운데, 대부분 자기 나름의 공동체에 소속돼 활동하고 있다. 노인의 70% 이상은 외롭지 않으며, 86%는 지난주에 적어도 한 사람 이상의 친척을 만났다는 보고도 있다.

▌노인은 손자와 생활하는 것이 이상적이다?

노인은 반드시 가족과 함께 살아야 한다는 생각도 편견이다. 대가족이냐 핵가족이냐의 문제는 가정의 사정에 따라 결정될 문제이다. 따라서 무조건 같이 사는 것이 좋은 것이라는 생각은 편견이다. 최근 많은 노인들은 자식과 같이 사는 것을 더 힘들어 하는 경우도 있다. 가족과 같이 사느냐가 중요한 것이 아니라 사회적 활동을 유지할 수 있느냐가 더 중요하기 때문이다. 손자와 같이 살며 손자의 뒤치다꺼리에 시간을 뺏겨 친구도 못 만나고 자신만의 생활을 즐기지 못하면 오히려 스트레스를 받을 수 있다.

이외에도 노인에 대한 편견은 아주 많다. 이런 편견들은 노인, 노화에 대한 올바른 지식이 부족하기 때문일 것이다. 이제 노년기를 삶을 정리하는 시간으로만 바라보지 말고, 충분히 새로운 행복을 추구하며 살 수 있는 시기라고 인식을 전환해야 한다. 편견에서 벗어나 진실된 마음으로 노인들을 바라봐야 할 것이다. 진정한 노인복지는 편견을 타파하는 것에서 시작된다.

노인 스스로도 이런 편견에 휩싸여 좌절하지 말고 보다 적극적으로 자신의 행복을 찾아야 한다. 미국 듀크대학의 댄 블레이저 박사는 성공적인 노화를 위한 첫 번째 조건으로 활력을 꼽았다. 생활의 활력을 유지하면 신체의 방어기제를 높여 질병 예방에도 도움이 된다.

02

황혼기를 짓누르는
인생무상의 무게

몇 해 전, 70대 여성 한 분이 우울감, 자살 사고로 입원하게 됐다. 평생 남편과 자식들만을 위해 살아온 이 노년 여성은 이제 나이가 들어 이런 저런 병에 시달리다 보니 살아온 세월이 야속하게 느껴졌다. 게다가 잠을 잘 자지 못하고 식욕도 없었으며 아무것도 하기 싫어 누워서만 지냈다. 무엇보다 기억력이 감퇴해 생활에 불편이 많았다. 급기야 이제껏 살아온 삶에 대한 후회가 물밀 듯 밀려오며 차라리 죽고 싶다는 생각을 하게 된 것이다.

이 여성은 우울장애로 진단돼 입원 및 외래치료를 받았다. 그 후 증상이 호전돼 약도 끊고 잘 지내는 듯 보였다. 그러나 최근 말이 많아지고 짜증이 늘었으며 은행에 많은 돈을 맡겨놨다는 둥, 정부의 고위층을 잘 안다는 둥 다소 과대망상적인 이야기를 해 가족들을 놀라게 했다.

위 사례는 우울증이 양극성 장애로 발전한 경우다. 이렇게 우울증과 흔히 조울증이라 불리는 양극성 장애 등을 모두 기분장애라 한다. 노년기의 대표적인 정신질환으로 치매를 떠올리는 이들이 많은데, 사실 치매보다 더 흔한 것이 우울증과 같은 기분장애다.

병고, 빈고, 고독의 '3苦'가 원인

나이가 들면 서서히 사랑하는 가족, 친구들을 떠나보내며 상실감을 경험하고, 사회적인 관계망이 축소돼 고립감이나 외로움에 빠지기 쉽다. 상실감은 우울증의 가장 큰 원인이 되는데 상실 이후 자신이 무력하거나 삶이 무의미하다고 느끼게 되면 우울증으로 발전할 수 있다. 본인이나 배우자의 질병도 노년의 삶에 큰 고통을 준다. 게다가 경제적 문제, 가족불화, 차별, 학대 등을 받는다면 누구나 우울감에 빠지지 않을 수 없을 것이다.

특히 자녀들만 바라보고 사는 우리나라 부모들은 자녀들이 독립한 뒤 부부만의 생활에 적응하지 못해 우울증을 겪기도 한다. 흔히 노인의 '3고(三苦)'라 하는 병고, 빈고, 고독이 노년기 기분장애의 주요 원인이라 할 수 있다.

이러한 사회심리적인 요인에 감정을 조절하는 신경세포 및 신경전달물질이 감소하는 생물학적 요인이 더해져 노년기 기분장애를 유발하게 된다. 특히 사별 또는 이혼으로 독신인 경우, 사회경제적으로 곤란한 경우, 주변의 도움이 적은 경우, 최근 충격적인 스트레스를 받은 경우는 더 위험한 상태라 할 수 있다.

노년기의 신체질환 및 약물도 우울증의 원인이 될 수 있다. 노년기에 우울증을 일으키는 질환은 파킨슨병, 헌팅톤병, 췌장암, 다발성 경화증, 쿠싱병, 심근경색, 간질, 후천성 면역 결핍증 등이다.

노년기에 흔히 사용하는 약물도 우울증의 원인이 될 수 있는데 대표적인 약물은 일부 항고혈압제, 스테로이드제제, 항경련제, 항불안제, 항정신병 약물들로 이들을 장기 복용하면 우울증에 걸릴 수도 있다. 한편, 노년기의 조증은 뇌졸중 등 뇌질환이 원인인 경우가 많아 이에 대한 감별도 매우 중요하다.

치매보다 더 흔한 기분장애

우울증을 앓게 되면 매사에 의욕이 떨어지고 무기력해진다. 또한 잠을 잘 이루지 못해 피로하고, 식욕도 저하돼 체중이 감소하며, 불안, 초조 등에 시달린다. 특히 노년기 우울증은 신체질환을 동반하는 경우가 많은데 아래 사례처럼 각종 통증(두통, 복통, 근육통)을 호소하기도 한다.

70대 후반의 김 모 씨는 복통과 기운 없음으로 입원했다. 김 씨는 자수성가해 중견기업을 이룬 성공한 사업가였다. 그런데 아들에게 회사를 물려주고 은퇴한 후 기운이 없고 배가 아프고 두통이 심해 내과를 찾았다. 내과검사상 모두 정상으로 판명돼 내과전문의의 권유로 정신건강의학과를 찾게 됐다. 정신건강의학과를 찾은 김 씨는 신체증상을 동반한 우울장애로 진단돼 항우울제 치료를 시작했다.

한편, 기억력이나 판단력 등 인지증상의 저하를 불러오기도 한다. 이렇게 노년기 우울증으로 인한 인지증상의 심각한 저하를 '가성치매'라 한다. 흔히 인지기능이 떨어지면 일차적으로 치매를 의심하는 경우가 많은데, 아래 사례처럼 기분장애는 아닌지 정밀한 진단이 요구된다.

60대 후반의 이 씨는 1년 전부터 서서히 기억력이 감퇴하더니 최근 물건 이름이나 조리법 등이 기억나지 않는 등 부쩍 실수가 잦아 치매를 의심하게 됐다. 하지만 인지기능 검사상 지남력(현재 자신의 상태를 인식하는 능력) 등 각종 인지기능이 다소 저하돼 있었지만 치매가 의심될 정도는 아니었다. 뇌영상 검사에서도 정상소견을 보였다. 그러나 종합심리 검사상 우울증이 의심돼 항우울제 치료를 받았다. 지금은 퇴원해 건강하게 지내고 있다.

우울증에 걸리면 인지기능 중에서 특히 감정과 관련된 기억이 왜곡되는 경우가 많다. 감정기억이란 '2002년에 우리나라에서 월드컵이 열렸고, 4강까지 올라갔다'라는 사실만 기억하는 것이 아니라 그날의 기쁨과 주체할 수 없던 흥분까지 떠올리는 것을 말한다. 그래서 2002년 월드컵이라는 단어만 들어도 가슴이 두근거리게 되는 것이다.

그러나 우울증에 걸리면 좋았던 감정보다 불쾌하거나 우울한 기분만 기억하게 된다. 그래서 온순한 성품의 배우자가 갑자기 답답하게 느껴져 싫어지기도 한다. 실제 황혼이혼을 결심하는 노부부 중에 노년기 우울증 탓에 이혼을 결정을 하게 되는 경우도 많다.

노년기 우울증이 다른 연령대의 성인 우울증과 다른 점은 첫째, 슬

폼·침울감을 호소하는 멜랑콜리성 우울 증상이 심하다. 둘째, 건강염려증적 호소가 많다. 셋째, 잠을 못 이루고 초조하다. 넷째, 집중력과 기억력이 저하된다. 다섯째, 정신병적 양상을 보이는 경우가 많다는 것이다. 동반되는 정신병적 증상 중에서는 망상이 흔한데, 죄책감, 건강염려증, 허무주의, 피해망상 등이 망상의 주요 내용이다.

노년기 우울증을 특징에 따라 구분하면 다음과 같다.

노년기 우울증의 종류

◆ 신체증상을 주로 호소하는 가면우울
◆ 건강염려를 주로 호소하는 우울
◆ 초조나 불안이 현저한 우울
◆ 망상이 현저한 망상성 우울증
◆ 착란을 보이는 우울증
◆ 인지기능 저하가 심한 가성치매 상태

노년기에 가장 흔한 기분장애는 우울장애이지만 우울하던 사람에게 조증이 나타나 양극성 장애로 진단되기도 한다. 노년기 양극성 장애는 기분의 고양과 함께 불쾌감, 인지기능 저하 등을 수반하기 때문에 진단이 잘 안 되는 경우도 있다.

노년기 양극성 장애의 특징은 대개 노년기에 처음 나타나기보다 중년기에 시작돼 노년기에 재발하는 경우가 많다는 것이다. 또한 연령이 높아질수록 재발 확률도 높다. 노년기에 재발하면 조증과 우울증이 반복되기보다 조증 이후에 다시 조증이 나타나는 비율이 높다. 노년기 조증에서 보이는 증상들은 우울 증상과 혼재돼 있는 경우가 많다. 즉, 노년기 조증 환자들은 불쾌기분을 보이거나 전형적인 조증 증세를 부정하는 등 비 전형적인 모습을 자주 보인다.

조증이 섬망(의식장애, 주의력 장애 등 인지기능의 장애와 환각 등 정신증적 증상을 보이는 경우)과 같이 발생하는 경우는 '조증 섬망'이라 부르는데, 이 경우 심각한 조증 증세와 더불어 인지기능장애를 보이며 같은 말을 반복하거나 몸이 굳어 있는 긴장증의 증세를 보이기도 한다. 또한, 가족이나 주변사람의 말을 안 들으려 하는 거부증 증세도 같이 보인다.

특히 노년기 우울증이나 양극성 장애가 위험한 이유는 자살에 이르는 비중이 높기 때문이므로 주변의 특별한 관심이 요구된다.

정서적 유대감이 최고의 약

식욕을 잃고 무력감을 느낀다면 나이 탓만 하지 말고 진료를 받아보는 것이 좋다. 특히 노년기의 기분장애는 알코올 및 약물중독, 병적 도박, 병적 도벽, 인지기능 저하, 건강염려증, 자해 및 자살로 확대될 수 있으므로 조기 발견이 중요하다. 양극성 장애의 경우 조증의 기간이 길어질수록 환자의 정신상태가 황폐화돼 여러 기능이 떨어지게 된다. 조기에 치료시기를 놓치면 조증 섬망이나 우울삽화가 이어져 증상이 만성화된다. 그러나 많은 노인들이 자신이 기분장애를 가지고 있다는 사실을 모르거나 아니면 이를 부정하고 치료를 거부하는 것이 문제다.

노년기 기분장애의 치료는 약물치료, 전기경련요법, 정신치료가 대표적이다. 노년기 우울증의 대표적인 약물은 물론 항우울제이다. 선택적 세로토닌 재흡수 억제제와 같은 최신 항우울제를 많이 사용하는데, 삼환계 항우울제 등 기존 항우울제에 비해 부작용이 적기 때문이다. 항우울제의 선택은 환자의 증상, 신체적 상태, 다른 병용약물 등을 고려해 결정해야 한다. 특히 항우울제의 투여는 충분한 기간 지속돼야 재발을 막을 수 있다.

양극성 장애는 기분조절제가 주 치료제로 사용된다. 기분조절제는 약물의 농도를 측정하면서 서서히 증량하게 되는데, 효과가 나타나기까지 수일에서 수주가 걸리기도 한다. 노인의 경우 신장에서 약물을 배설하는 능력이 떨어지므로 부작용에 주의해야 한다.

약물치료로 효과가 불충분한 경우 전기경련치료도 받게 된다. 노인의 경우 전기경련치료가 비교적 안전하면서도 효과가 좋은 것으로 알려져 있다. 특히 망상과 같은 정신증상이 동반된 경우에는 전기경련치료가 효과적이다. 정신치료는 인지행동치료, 지지치료, 단기 역동정신치료를 받을 수 있다.

그러나 외로움이나 고립감 등이 노년기 기분장애의 주 요인이기 때문에 무엇보다 중요한 것은 가족이나 사회의 지지다. 가족은 노년기 기분장애 환자들에게 정서적으로 충분한 유대를 형성해줘야 하는데 생활이 바쁘다보면 그 역할을 다하지 못할 수 있다.

이 경우 다른 지지의 끈을 연결시켜줘야 한다. 교회나 사찰 등 종교 단체는 노인들에게 정서적 지지를 제공해줄 수 있는 대표적인 곳이다. 정기적으로 종교모임에 나가 다른 이들과 교류하면 다양한 지지를 받을 수 있다.

그 외에 경로당이나 노인복지회관, 문화센터 등 지역 커뮤니티에 참여하는 것도 좋은 방법이다. 최근에는 각종 노인복지회관이나 지원센터에 등록해 정기적으로 방문하고 동년배들과 교류를 계속하며 사회생활 및 대인관계를 활발하게 유지하는 이들이 많다.

노년기의 기분장애는 앞서 밝혔듯이 흔한 정신질환이다. 그러나 많은 경우 정확한 진단 및 치료를 받지 못하고 있는 실정이다. 따라서 노년기의 기분장애를 조기에 발견해 적극적으로 치료하려는 자세가 필요하다.

노년기 긍정사고
증진 프로그램

　최근 노년기 우울증은 매우 심각한 상황이다. 하지만 이를 발견하고 치료하는 데는 어려움이 많아 많은 학자들이 노년기 우울증을 예방하는 차원에서 노인들에게 긍정심리를 증진시켜주기 위한 프로그램을 개발하고 있다.

　심리학자인 컴턴 박사는 긍정 심리치료란 인간의 긍정적 특성을 강화하고 장점들을 개발해 미처 모르고 있던 자신의 긍정적 원천을 찾도록 돕는 것이라고 설명한다. 즉, 인간은 누구나 긍정적 특성을 가지고 있는데 여러 가지 원인으로 이를 깨닫지 못하고 있으므로 심리치료를 통해 되살려준다는 것이다. 따라서 긍정 심리치료는 주변의 부정적인 주의, 기억, 기대를 긍정적이고 희망적인 것으로 바뀌도록 교육하고, 또한 행복감을 증진시킬 수 있는 외부적이고 행동적인 기법들을 중점적으로 적용한다.

　강북삼성병원 정신건강의학과의 연구팀은 다양한 집단을 위해 긍정 심리 증진 프로그램을 개발하고 있다. 그 중 노인을 위한 프로그램을 소개하겠다.

1회 때는 긍정 심리치료의 취지와 의의를 소개하고 우울증상에 대해 교육한다. 긍정사고의 중요성, 긍정적인 자기소개, 우울증 증상을 알린다. 그리고 만일 3일 안에 죽는다면 무엇을 할 것인지, 지금부터라도 내가 행복해지기 위해서 스스로 할 수 있는 일은 무엇이 있는지 생각해보는 시간을 갖는다.

2회기

스트레스 관리 및 낙관적인 사고에 대해 토의하는 시간을 갖는다. 지난 2년간 경험한 스트레스에 대해 발표하고 집단원들과 서로 공유하며 어떻게 스트레스를 극복했는지 자신만의 스트레스 해소법을 소개한다. 스트레스 표를 작성해 점수를 내보고, 스트레스를 극복했던 힘에 대해 토의한다. 그러면서 동시에 이들 스트레스를 낙관적인 사고방식으로 볼 수 있는가에 대해 이야기를 나눈다.

같은 일을 보다 낙관적으로 생각하는 훈련을 진행한다. 낙관성의 연구결과들을 보여주면서 낙관적인 사람들이 장수하고, 성공적인 삶을 살았으며, 보다 건강했다는 연구결과를 공유한다.

강점과 약점을 살펴보며 개개인의 강점에 집중해 남은 삶을 잘 살아갈 수 있도록 전환점을 만들어준다. 자신의 강점을 3가지 정도 꼽아보고 이들이 일상생활에서 어떻게 나타나고 있는지 찾아보는 훈련을 한다. 강점의 목록은 지혜와 지식적인 측면, 용기, 인간애, 정의, 절제, 초월성의 6가지 범주로 나눈다. 이들 범주에서 자신의 강점을 구별해 실제 생활에서 어떻게 나타나는지 확인한다.

긍정적인 대화법을 훈련하고 타인에 대한 배려 방법에 대해 경험을 나눈다. 긍정적인 사람들은 대화법에서 차이가 난다. 불만이 있어도 이를 긍정적으로 상대에게 전달함으로써 긍정적인 결과를 낳는다. 긍정적 대화법에는 다음과 같은 세 가지 규칙이 있다.

- '너는'이 아니라 '내가'로 시작한다.
- 불만이 아니라 소망을 이야기한다.
- 긍정적인 감정의 대화를 한다.

예를 들어 '너는 왜 항상 그렇게 행동하니?'라고 말하는 대신 '나는 네가 이렇게 행동해주었으면 좋겠어'라고 말하는 것이다. 그리고 상대를 배려해 좋은 결과가 있었던 경우와 그렇지 않았던 경우에 대해 이야기한다.

5회기

감사에 대해 이야기를 나눈다. 감사를 잘 하는 사람들의 특징을 정리해 보고, 서로 감사의 편지를 작성해본다. 감사를 잘 하는 사람들이 긍정적인 측면이 높고 부정적 정서를 덜 경험한다는 사실을 보여주고 토의한다. 그리고 주변의 가족이나 친구 혹은 자신에게 감사의 편지를 써본다.

6회기

행복감을 증진시키는 활동에 대해 논의한다. 사소한 일에서도 행복감을 높일 수 있는데, 실제 그런 활동들을 하고 있는지 찾아보고 다른 사람들은 어떤 활동을 하고 있는지 이야기를 듣는다. 그리고 이러한 일을 더 많이 하려면 어떻게 해야 하는지 토의한다.

예를 들면 운동하기, 크게 웃기, 좋았던 일을 떠올려 보기, 친구에게 전화하기 등이 있다.

7회기

용서 및 용서 활동의 시간이다. 용서하기 힘든 상황, 용서하기 어려웠지만 용서한 경험, 반대로 상대에게 용서 받은 경험에 대해 논의한다. 용서를 위해 도움이 되는 호흡훈련, 자비심 훈련, 근육이완훈련도 같이 배운다.

8회기

총 정리하는 시간이다. 배운 것들 중에서 도움이 되는 것을 회고하고 자신에게 어떤 변화가 있었는지 확인한다. 집단 구성원들끼리 서로 감사의 편지를 쓴다. 마지막으로 여기서 배운 것을 실생활에서 적용하기로 약속한다.

이렇게 총 8회에 걸쳐 진행되는 본 프로그램은 이미 많은 이들의 우울증 척도 점수를 개선시켰다. 무엇보다 긍정사고 척도의 점수가 개선되는 것을 확인할 수 있었다. 앞으로 이런 프로그램들이 널리 보급돼 노인들이 밝고 긍정적으로 삶을 영위할 수 있기를 바란다.

03

이유 없이 불안을 달고 살다

70대 여성 이 씨는 두통과 불면을 호소해 병원을 방문했다. 이 씨는 수년간 머리가 아프고 잠을 잘 자지 못했다고 했다. 과거력 상 항상 걱정이 많고 근심이 많아 예민하다는 이야기를 들었는데 최근 부쩍 근심과 걱정이 늘면서 자주 머리가 아프고 잠들기 힘들다고 호소했다. 거의 매일 자식은 물론 손주들 일까지 걱정하느라 밤잠을 설쳤다.

가족들은 제발 그만 좀 하라고 말렸지만 이 씨는 걱정을 멈출 수 없었다. 오히려 자신이 걱정을 하기 때문에 나쁜 일이 일어나지 않는 것이라고 믿었다. 손주들이 조금이라도 늦게 귀가하면 교통사고가 난 것은 아닌지, 뉴스에 경기가 안 좋다고 하면 아들의 회사에 문제가 생기는 것은 아닌지 걱정이 많다고 토로했다.

자식 걱정, 건강 걱정 등 우리 주위에는 자나 깨나 걱정을 달고 사는 노인들이 많다. 노년기 불안은 노년기에 흔한 정신증상 중 하나다. 국민

건강보험공단의 2013년 건강보험 진료비 지급자료를 분석하면 불안장애 진료인원은 70대 이상이 인구 10만 명당 3,051명으로 가장 많았고, 이어 60대(2,147명), 50대(1,490명) 순이었다. 특히 70대 이상 10만 명당 환자 수는 전체 인구 10만 명당 환자 수(1,101명)의 3배 정도 됐다.

물론 불안은 위험으로부터 우리를 지켜주는 정신적 기제다. 불안을 느끼기에 우리는 위험한 상황을 피하거나 주의를 기울이게 된다. 그러나 일상생활에 지장을 줄 정도로 불안의 정도가 심하고, 또 실제 위험하지 않은 상황에서도 불안 기제가 작동한다면 불안장애를 의심해봐야 한다.

역학연구 결과에 의하면 노년기 불안장애의 발병빈도는 성인기의 발병빈도보다 낮은 것으로 보고되고 있다. 그러나 실제 노인들은 사별, 은퇴, 경제적 곤란, 범죄 취약성, 학대 등 사회심리적 스트레스가 많고, 각종 질병과 약물 복용으로 불안을 경험할 확률이 매우 높다. 또한 노년기에는 죽음을 앞두고 있어 죽음에 대한 불안, 공포심에 직면하게 된다.

노화에 따른 뇌의 신경-생물학적 변화, 특히 자율신경계의 취약성이 노년기 불안의 또 다른 원인이 될 수 있다. 실제 임상에서도 불안을 호소하는 이들이 늘고 있어 최근 국제노인정신의학회에서는 과거에 비하여 노년기 불안장애에 대한 연구 발표가 늘고 있다.

그러나 노년기의 불안장애는 진단이 쉽지 않다. 그 이유는 우울증, 인지기능 저하, 신체질환 등을 동반하기 때문이다. 그 외에도 여러 가지 복용 중인 약물로 진단하기 어려우며, 무엇보다 노인들은 정신과적 평가에 거부감이 크기 때문에 진단에 어려움이 많은 것이 사실이다.

노년기 불안장애의 특징은 다른 정신질환이나 신체질환을 동반하는 경우가 많다는 점이다. 정신과적 동반이환 질환으로는 우울장애, 인지장애, 약물 또는 알코올 사용 장애 등이 흔하고, 신체적 동반이환 질환으로는 협심증, 부정맥 등 심혈관계 질환, 만성폐쇄성 폐질환, 폐렴 등 호흡기계 질환, 당뇨 등 내분비계 질환, 파킨슨병, 경련성 질환 등 신경계 질환, 기타 위궤양, 요로감염 등이 있다.

또한 증상의 표현이 모호하고 다양한 기관의 증상을 호소하는 경우가 많다. 물론 노년기에도 불안의 신체증상을 호소하지만 그 양상이 보다 널리 퍼져 있고 여러 기관에서 나타날 수 있는 증상을 호소한다. 그 중에서 운동 불안 즉, 안절부절 못하거나 빈맥, 과호흡 등 생리적 증상이 흔하다.

노년기 불안장애 증상은 만성화되기 쉬운 것이 특징이다. 노년기 이전에 발병한 경우에도 치료를 잘 받지 않으면 만성화돼 노년기까지 지속될 수 있다. 또한 노년기에 발생한 불안장애도 적절한 치료를 받지 못하면 만성화되기 쉽다.

과도한 걱정에 함몰되는 불안장애별 증상

대표적인 불안장애에는 범불안장애, 광장공포증, 공황장애, 강박장애 등이 있다.

범불안장애

가장 흔한 불안장애로 과도한 걱정을 조절할 수 없는 것이 특징이다. 흔히 떨림, 근육긴장, 동통, 안절부절 못함, 피로감 등의 운동계 증상과 빈맥, 현훈(어지럼증), 구역, 설사, 화끈거림이나 오한, 빈뇨, 구갈 등 자율신경계 증상, 긴장감, 집중력 곤란, 초기 불면, 흥분 등의 과민한 증상들을 동반한다. 또한 죽음이나 질병에 대한 공포가 흔하다.

일반적으로 범불안장애는 각종 증상들이 6개월 이상 지속되는 경우 진단된다. 노년기 범불안장애는 우울증과 관련이 깊은데, 우울증이 동반되는 경우 주로 우울증 이후에 2차적으로 불안장애가 발병하는 것으로 알려져 있다.

광장공포증

노년기에 처음으로 광장공포증이 나타날 수 있다. 대부분의 노년기 광장공포증은 공황발작의 병력 없이 나타난다. 노년기 광장공포증의 경우 신체질환이나 강도의 습격, 낙상 등을 경험한 뒤 갑자기 발생하는 경우가 많다고 한다. 따라서 다른 연령대와 비교했을 때 광장공포의 주제가 낙상이나 범죄에 대한 공포인 경우가 많다. 뇌졸중 병력을 지닌 여성에게 흔하다는 보고도 있다.

공황장애

인구통계학적 연구에 의하면 공동체에 속해 살아가는 노인은 공황장애 유병율이 0.5% 미만인 것으로 보고되고 있다. 이는 노년기에 공황장애가 처음 발병하는 경우는 매우 적다는 것을 의미한다. 따라서 공황장애 증상이 나타나는 경우 우울증, 신체질환, 약물문제를 반드시 감별해야 한다. 일반적인 공황장애 증상은 젊은층의 증상과 유사하지만 증상의 수가 더 적고, 덜 심각하며, 회피행동이 더 적다는 특징이 있다. 특히 증상 중에 호흡기 증상이 심하고 만성 폐쇄성 폐질환, 파킨슨병을 동반하는 경우가 많다. 노년기 공황장애의 경우 만성화의 경향이 강하고 재발이 흔하기 때문에 장기치료가 필요하다.

▎ 강박장애

노년기에 처음 강박장애가 시작되는 경우는 드물다. 대부분의 인구통계학적 연구를 살펴보면, 강박장애의 노년층 유병율은 0~0.8%로 매우 적다. 대개는 그 전에 발병해 노년기까지 지속되는 것이다. 강박장애가 노년기에 처음 나타나는 경우는 일부 여성에게 보이는데 특히 지나치게 규칙성이 요구되는 투약, 지나친 화장실 사용의 제약, 과도한 요구가 주어지는 상황에서 발병하기 쉽다.

노년기의 강박장애는 오염 공포, 병적인 의심, 타해의 공포에 대한 강박적 사고가 흔하며, 강박적 행동으로는 확인하기, 숫자세기, 취소하기 등이 있다. 노년기 주요 우울장애에서도 반추하는 반복사고가 흔한데, 이는 강박적 사고 형태로 나타날 수 있으므로 반드시 우울증과의 감별이 요구된다.

불안함 숨기면 안 돼

노년기에 불안을 호소하는 경우 치매, 섬망, 우울, 정신증 등 보다 심각한 다른 정신질환과의 감별이 필요하다. 노년기의 불안은 인지저하, 주의력 저하, 기억력 저하, 현훈, 공포심, 심각한 불면, 과잉 경계 등으로 나타날 수 있기 때문이다.

특히 노년기 불안장애 환자들은 인지증상보다 각종 신체증상을 호소하는 경우가 많아 정신건강의학과가 아닌 다른 과에서 치료받는 경우가 많다. 따라서 정확한 진단이 늦어져 만성화되기 쉽다. 각종 신체증상을 호소하지만 신체검사상 정상 소견을 보이면서 근심, 걱정, 불안 등의 불안증세를 보인다면 한 번쯤 정신건강의학과에서 진단을 받아보는 것이 좋다.

흔히 노인들은 자신이 불안하다는 것을 인정하지 않으려는 경향이 있다. 그래서 불안감을 표현하지 않는다. 가족들도 환자의 호소에만 의존하지 말고 자세히 관찰하면서 지나친 근심이나 안절부절 등 특징적인 불안 증상을 보이면 정신건강의학과 치료를 권하는 것이 좋다. 물론 본인은 불안하지 않다고 주장하더라도 증상이 계속된다면 정확한 진단을 받아볼 것을 권유해야 한다.

노년기 불안장애의 치료는 다양한 측면을 고려해야 한다. 즉, 의학적, 심리적, 기관별 측면을 고려해야 한다. 특히 약물치료 및 인지행동치료가 노년기 불안장애의 치료에 효과적인 것으로 보고되고 있다. 약물치료 시에는 먼저 적절한 신체적 검사, 정신사회적 평가가 이뤄져야 한다. 또한 개인의 신체상태, 생활습관, 환경적 특징을 고려해 융통성 있게 접근해야 한다. 동시에 환자의 공존 질환이나 신체역량을 고려해 통합적인 치료방법을 선택해야 하고, 마지막으로 환자가 갖고 있는 불안장애의 종류에 따라 특정 치료방식이 제공돼야 한다. 따라서 각 개인의 신체적, 정신적 상태를 가장 잘 알고 있는 치료자가 치료를 더 잘 할 수 있을 것이다.

노년기 불안장애는 적지 않게 나타나지만 진단이 잘 안되고 치료받는 비율도 낮다. 그러나 불안은 노년기에 흔한 정신증상이다. 불안이 지속되거나 각종 신체증상들의 원인이 발견되지 않으면 한 번쯤 불안장애 진단을 받아 보는 것이 좋다.

🔆 💡 노년기 수면장애란?

65세 이상 노인에게 수면 문제는 매년 5~10%씩 늘어난다고 한다. 노년기에 잠들기 어려운 첫 번째 원인은 기본적으로 필요한 수면시간이 줄기 때문이다. 신생아 때는 하루 18~20시간 잠을 자지만, 청소년기에는 8시간 반에서 9시간으로 줄어든다. 이렇게 나이가 들면 평균 수면시간이 점점 줄어드는데, 80세에 이르면 평균 6시간 정도 잠을 자게 된다. 실제 60대 이후에 체격이 작고 활동과 식사량이 많지 않은 노인들은 4~5시간만 자도 충분한 경우가 많다.

이렇게 평균 수면시간은 감소하는 데 반해 예전과 같은 수면시간을 유지하려 하기 때문에 수면 문제가 발생하는 것이다. 따라서 필요한 수면시간이 감소했음을 받아들이고 규칙적인 잠자리 습관을 들이는 것이 좋다.

나이를 먹으면 수면의 질도 예전 같지 않다. 이는 서파수면이라고 하는 깊은 잠이 줄어들어 자주 잠에서 깨며 잠을 오래 자도 개운하지 않기 때문이다. 깊은 잠을 자야 신체적 피로를 풀 수 있는데 실제 서파수면이 줄다 보니 피로감이 남게 되는 것이다. 서파수면은 낮에 얼마나 신체활동을 했는가와 관련 있다. 노년기에는 활동이 줄기 때문에 서파수면이 줄어드는 것이다. 서파수면의 감소로 피로감이 쌓이면 낮잠을 자게 되는데 그 결과 밤에는 더욱 잠을 못 자게 된다.

한편, 나이가 들면 수면 주기에도 문제가 생기기 시작한다. 우리 뇌에는 지금이 밤인지 낮인지 구별해주는 생체시계가 존재하는데 생체시계가 잘 작동하면 하루쯤 늦게 자도 원래 자던 시간에 무리 없이 잠들 수 있다. 그러나 나이가 들면 수면-기상 주기가 짧아진다. 수면-기상주기는 밤에 잠자리에 들고 아침에 깨어나는 주기를 말하는데, 그 시간은 대략 24시간 전후이다. 그런데 문제는 사람마다 그 시간이 달라서 젊은이들은 24시간보다 긴 경우가 많고, 노년층은 24시간보다 짧아진다. 그래서 젊은이들은 대개 늦게 자고 늦게 일어나는 것이 편하고, 노년기는 그 반대가 되는 것이다.

다시 말해 노년기에는 수면-기상주기가 24시간보다 짧아 실제 하루인 24시간보다 뇌에서 인지하는 하루가 더 짧기 때문에 일찍 자고 일찍 일어나게 되는 것이다. 따라서 너무 이른 아침에 햇빛을 보거나 너무 늦은 저녁에 운동을 하는 것은 좋지 않다.

노년기의 신체질병도 수면에 나쁜 영향을 미치게 된다. 예를 들어 전립선 비대증은 70세 남성의 70%, 80대에는 80%에서 발병할 정도로 흔한 질병이다. 이 경우 잠들기 전에 시원하게 소변을 보지 못해 수면 중 자주 화장실을 들락날락하게 된다. 그 외에도 관절염으로 무릎이나 어깨에 통증이 있어 잠을 잘 못 이루는 경우도 많다. 이렇게 신체질환이 수면을 방해할 수 있으므로 이들 질병에 대한 예방 및 치료가 필요하다.

만성질환을 치료하기 위해 정기적으로 복용하는 약 중에 불면을 일으키는 약들이 있다. 대표적인 것이 일부 혈압약이다. 따라서 잠을 잘 못 자는 이들은 현재 복용 중인 약 중에 불면을 일으키는 약은 없는지 확인해봐야 한다. 혹시 약물에 의한 것으로 밝혀지면 그 약들은 아침에 복용하는 것이 좋다.

노년기에는 우울증이나 불안장애 때문에 잠을 잘 못 이루는 경우도 있다. 걱정이나 불안이 심한 경우, 잠을 잘 자지 못한다. 반면, 우울증 환자들의 경우 아침 일찍 일어나 다시 잠들기 어려운 경우가 많다. 이런 일이 반복되면 낮에도 기분이 좋지 않고 의욕이 없으므로 정신건강의학과 치료를 고려해볼 필요가 있다.

마지막으로 노년기에 수면이 어려운 것은 수면 중에 기도가 막혀 호흡이 제대로 안 되는 수면 무호흡증이나 자려고 누우면 다리 특히 무릎아래 부분이 저리거나 이상한 느낌이 들어 잠들기 어려운 하지 불안 증후군과 같은 수면장애 때문인 경우가 있다. 그러나 이 경우 적절한 치료를 받으면 비교적 쉽게 증상이 조절돼 편하게 잠들 수 있다.

불안을 조절하는 법

불안장애 치료 중에 인지치료라는 치료법이 있다. 불안은 잘못된 생각에서 비롯되는 경우가 많기 때문에 합리적이고 현실적인 생각으로 전환해 불안을 조절하는 방법이다. 불안을 일으키는 그릇된 생각들은 일정한 생각의 방식을 따르는데, 이런 사고방식을 '인지왜곡'이라 부른다.

우선, 인지왜곡의 종류들을 살펴보겠다.

파국화

극단적으로 생각하는 이들은 가장 나쁜 결과가 일어날 것이라는 '파국화'라는 인지왜곡을 가지고 있다. 살다보면 누구에게나 나쁜 일이 일어날 수 있는데 이들은 나쁜 일 중에서도 가장 나쁜 일이 일어날 것이라 생각하는 경향이 있다. 예를 들어, 기운이 없으면 '혹시 암에 걸린 것은 아닐까?'라고 걱정하고, 아이가 조금이라도 늦으면 '혹시 납치된 것은 아닐까?'라고 생각하는 등 가장 최악의 상황을 가정한다.

따라서 이런 경우 생각의 오류를 찾아 현실적이고 객관적인 즉, 합리적인 생각으로 사고를 전환시켜야 한다. 보다 합리적이고 현실적인 생각을 찾기 위해서는 그렇게 생각하게 된 증거를 찾아보고 혹시 다르게 생각할 수 있는 증거는 없는지, 그리고 문제를 해결하기 위해 어떻게 생각하고 행동해야 하는지 알아본다. 혼자 할 수 없다면 가족이나 친구, 아니면 의사를 찾아 도움을 청해야 한다.

과소평가

불안한 사람들이 많이 하는 생각의 오류는 자신의 능력을 과소평가하는 것이다. 즉, 충분한 능력을 갖고 있음에도 불구하고 자신은 능력이 없다고 믿는 것이다. 나쁜 일이 일어날 확률은 매우 높고, 자신은 해결할 능력이 부족하다고 느끼니 항상 불안에 떨 수밖에 없다.

과잉 일반화

불안한 사람들이 자주 하는 또 다른 잘못된 생각은 '과잉 일반화'라고 하는 것이다. 이는 전에 안 좋은 일이 있었으니 이번에도 그럴 것이라고 여기는 것이다. 흔히 '머피의 법칙'이라고 부르는 것과 유사하다. 예를 들어 예전에 비행기 안에서 현기증이 발생했기 때문에 다시 비행기를 타면 똑같은 현상이 일어날 것이라고 예상하는 것이다. 사실은 그때 그때의 몸 상태에 따라 다르다. 하지만 이를 일반화해 한 번 일어난 일이 또 일어날 것이라고 믿는 것이다.

개인화

또 다른 오류는 개인화라는 것이다. 이는 아무 상관없는 일을 자신과 연관 지어 생각하는 것이다. 예를 들어 지인이 나쁜 병에 걸렸으니 '나도 혹시 그 병에 걸리지 않을까' 걱정하는 식이다.

전에 유명한 야구선수가 경기 도중 쓰러진 일이 있었는데 한 환자가 자신도 쓰러지면 어떻게 하냐며 걱정하는 것이었다. 그래서 그 선수와 어떤 관계인지 물으니 아무 관계도 아니었다. 이렇게 무관한 자신과 결부시켜 생각하는 것도 불안한 사람들에게서 흔히 볼 수 있는 현상이다.

눈치 보기

불안한 사람들은 남의 눈치를 많이 보며 상대의 마음을 읽으려 한다. 그러나 불행하게도 눈치로 상대의 마음을 정확히 읽을 수 있는 사람은 별로 없다. 특히 불안한 사람들은 상대의 마음을 부정적으로 해석한다. 그 사람이 나를 싫어하는 것 같다느니, 그 사람이 나 때문에 화가 난 것 같다느니 하는 식이다. 실제 물어 보지 않고 상대의 표정이나 태도만 보고 판단하니 대인관계에서 불안하기 짝이 없다.

그 밖에 엄격하게 규칙을 적용하는 '머스트 병'과 중간이 없고 양 극단만 있는 '흑백논리'도 불안한 사람들의 잘못된 생각이다. 사람들은 자기 나름대로의 규칙을 갖고 있다. 하지만 그 규칙이 너무 엄격하면 불안을 유발할 수 있다. 예를 들어 '완벽한 가장이 되어야 한다'는 규칙을 지키지 못해 극심한 불안을 느끼는 것이다. 이러한 잘못된 생각의 오류를 바로 잡는 것이 인지치료다.

이제 실제 생활에서 걱정을 줄이는 방법들을 소개하겠다.

- 운동을 한다. 자신이 좋아하는 운동에 집중하면 걱정을 감소시킬 수 있다.
- 집안일이나 회사에서 해야 할 일들을 찾아 한다. 실제 우리는 해야 할 일이 많다. 걱정하면서 시간을 보내느니 해야 할 일을 하는 것이 좋다.

- 누군가에게 불안을 털어놓는다. 대화는 간단히 자신의 걱정을 피할 수 있는 방법이고 또한 잘못된, 지나친 걱정을 바로 잡을 수 있는 기회이기도 하다.

- 음악을 듣는다. 자신의 걱정과 관련된 감정을 정화하기 위해 자신이 좋아하는 음악을 듣는다.

- 기분을 좋게 하는 행동을 한다. 예를 들면 목욕을 하거나 재미있는 영화를 보거나 산책을 하는 등 자신의 기분을 좋게 할 수 있는 활동들을 하자.

- 창의적인 활동을 한다. 예를 들어 그림을 그리거나 정원을 가꾸거나 집안의 실내 장식을 바꾸거나 하는 식의 창의적인 활동은 걱정을 줄여준다.

- 자신의 주의를 끌 수 있는 시각적인 것을 시청한다. 좋아하는 텔레비전 프로그램을 시청하거나 비디오를 시청하는 등 시각적인 도구를 활용해 자신의 주의를 분산시킨다.

- 이도 저도 안 될 때는 '생각 정지'라는 방법을 사용한다. 이는 반복적인 생각 때문에 괴로워하는 강박장애 환자들에게 적용하는 것인데, 원하지 않는 생각이 날 때마다 스스로 '이제 그만!'이라고 마음속으로 외치

는 것이다.

- 걱정을 미룰 수 있다면 미룬다. 날짜를 정해서 그 날 그 걱정을 하자
  는 식으로 미루는 것이다. 여러 가지 걱정이 있는 사람들은 요일과 시
  간을 정해 걱정하는 시간을 만들어 두는 것이 오히려 평상시의 걱정을
  줄이는 데 효과적이다.

04

자꾸만 깜박깜박,
치매에 대한 경고?

노인성 치매 중 가장 흔한 것은 알츠하이머 치매다. 알츠하이머 치매는 1907년 독일의 신경정신과 의사인 알츠하이머 박사가 치매 소견을 보이는 50대의 한 여성 환자를 소개하면서 알려지기 시작해 알츠하이머 치매라고 부르게 됐다. 먼저 치료 사례를 소개하겠다.

70대 황 씨가 가족에 대한 의심과 흥분을 주소로 입원하게 됐다. 황 씨는 평생 공무원으로 건실하게 살았다. 그러나 수년 전부터 기억력 감퇴를 호소하더니 최근에는 본인이 아들에게 준 돈을 기억 못하고 아들이 돈을 훔쳐갔다고 주장했다. 또한 물건을 어디에 놓았는지 자주 잊어버리곤 했는데, 그때마다 부인이 다른 남자에게 가져다주었다며 부인을 의심했다. 점점 흥분하는 일이 잦아지더니 결국 가족에게 폭력을 행사해 놀란 가족들에 의해 입원하게 됐다.

부인은 그동안 크게 다툰 적이 없을 정도로 금슬이 좋은 부부였는데 최근 들어 격노하고 주먹을 휘둘러 무척 놀랐다고 했다. 신경심리검사 상 기억력 등 인지기능 저하와 우울증이 동반돼 있었다. 뇌자기 공명영상검사에서도 전반적인 대뇌의 위축을 보이고 있었다. 우울증을 동반한 알츠하이머 치매로 진단돼 인지기능 개선제와 항우울제를 복용하고 지금은 퇴원해 가족들과 잘 지내고 있다.

알츠하이머 치매란?

이렇게 도둑이나 불륜으로 매도당한 가족은 환자에 대한 이해보다는 자신의 억울한 마음을 가누기 힘들다. 흔히 드라마나 영화에 묘사되는 것처럼 사람을 못 알아보거나 길을 잃어버리면 가족도 단번에 치매를 의심할 것이다. 하지만 위 사례처럼 치매 초기에는 타인이 물건을 훔쳐갔다거나 다른 사람으로 변장했다는 등 기억나지 않는 부분을 망상으로 채우려는 경향을 보이기도 한다. 종종 기억력 저하보다 이렇게 남을 의심하는 증상이 먼저 발생하기도 하므로 치매에 대한 이해를 높이지 않으면 본의 아니게 치매를 방치할 수 있다.

알츠하이머 치매는 전체 치매에서 약 50~60%를 차지하는 것으로, 대뇌 피질의 특징적인 병리 소견을 보이는 것이다. 물론 뇌세포를 부검해 특징적인 노인반, 아밀로이드 혈관병변이 발견돼야 확진되지만 살아있는 이의 뇌를 부검하는 것은 불가능하므로, 현재는 아래의 몇 가지 소견을 보이는 경우 유력한 알츠하이머형 치매로 진단한다.

첫째, 인지기능 저하가 40대 이후 시작돼 60대에 눈에 띄는 치매증상을 보인다. 물론 발병 초기와 진행 초기에는 확인이 어렵다.

둘째, 기억력과 기타 인지기능들이 서서히 감퇴하는 경우다. 알츠하이머 치매의 특징은 새로운 정보가 입력됐을 때 이를 기억으로 저장하는 능력이 떨어지고 적응능력이 감소하는 것이다. 그래서 단어를 알려준 뒤 기억하는지 물으면 잘 대답하지 못한다.

게다가 예전처럼 주위의 자극에 예민하게 반응하지 못하고 산만한 편이다. 언어구사능력도 감퇴해 물건의 이름을 바로 떠올리지 못한다. 유창하게 말을 잘 하지만 잘 알아듣지 못하고, 언어장애가 진행되면 어법에 맞게 구사하지 못한다.

치매가 진행되면 그 외에도 각종 실행장애가 나타나는데 행위능력과 일을 수행하는 수행능력이 떨어져 계절에 맞게 옷을 입지 못하거나 조리법에 맞게 음식을 만들지 못하고 심하면 음식을 삼키지 못하기도 한다.

셋째, 행동의 변화다. 질병 초기부터 딴 사람처럼 성격이 변하기도 하는데 일반적으로 수동적으로 되기 쉽다. 초기에는 인지능력이 감퇴됨을 깨닫고 우울해한다. 그러나 우울증이 동반되면 인지기능은 더욱 감퇴되므로 우울증 치료를 병행해야 한다.

이 시기에는 우울증과의 감별이 어려울 수도 있다. 그 외에도 병이 진행되면 배회 등 행동문제나 의심, 망상 등 정신증 증상들이 나타날 수 있다.

넷째, 기억장애 가족력이 있다. 알츠하이머 치매의 약 40%는 가족력이 있는 것으로 알려져 있다. 특히 65세 이하 노인에서 발병한 조발형 알츠하이머 치매의 경우 가족력이 더 흔하다고 한다. 유전자 연구도 많은데 특히 19번 염색체의 아포지단백 유전자의 돌연변이가 알츠하이머 치매와 연관이 높은 것으로 알려져 있다.

다섯째, 알츠하이머 치매 초기에는 신경학적 검사나 뇌영상 검사에서 이상소견을 찾기 어렵다. 그러나 병이 진행되면서 뇌자기 공명 단층촬영과 같은 뇌영상 검사에서 대뇌의 위축과 뇌실의 확장이 발견된다. 현재까지 사용되는 방법 중에 알츠하이머 치매환자에게 가장 민감하게 뇌의 변화를 찾을 수 있는 방법은 PET라고 하는 양전자 방출 단층촬영검사이다. 이 검사를 통해 알츠하이머 치매 환자에게 특징적인 두정-측두엽 부위의 포도당 대사율이 감소하는 것을 확인할 수 있다.

알츠하이머 치매의 주된 치료제는 인지기능 개선제다. 아직까지 알츠하이머 치매를 완벽하게 치료하는 인지기능 개선제는 없지만 적어도 인지기능이 감퇴하는 것을 지연할 수는 있다.

하지만 최근에는 수명 연장으로 치매에 걸리는 사람들이 늘어남에 따라 알츠하이머 치매에 대한 연구가 활발하게 진행되고 있다. 조금씩 고무적인 성과도 발표되고 있다. 사실 알코올 섭취부터 머리를 심하게 다치는 것까지 치매의 다양한 위험인자에는 공통점이 있다. 그것은 바로 뇌세포가 파괴, 퇴행하거나 신경세포끼리의 연결에 문제가 생기면서 치매의 발병이나 진행을 앞당긴다는 점이다. 알츠하이머 치매가 발생하고 진행되는 과정에는 베타-아밀로이드라는 비정상 단백질이 관여하는데, 이 물질이 알츠하이머 치매의 핵심 병리라는 점에는 이견이 없다.

유전자 돌연변이, 면역체계의 이상 등 여러 가지 원인에 의해 아밀로이드가 잘 분해되지 않고 축적되면 아밀로이드반이 산화성 스트레스와 칼슘 조절 이상을 일으켜 신경세포를 죽임으로써, 뇌의 위축 및 퇴행이 일어나게 되는 것이다.

예전에는 치매를 노화 과정과 비슷한 것으로 보았지만, 지금은 이 물질의 발견을 통해 정상 노화와는 확실히 다른 상태로 여기게 됐다. 왜냐하면 베타-아밀로이드는 정상적인 상태에서는 생기지 않기 때문이다. 최근에 화제가 되었던 '치매 백신'은 주로 알츠하이머 치매에 해당되는 것으로, 원리는 베타-아밀로이드에 대한 항체를 우리 몸속에 투입하는 것이다. 우리가 간염이나 독감예방을 위해 백신을 맞으면 체내에 항체가 형성되고, 다음에 진짜 세균이나 바이러스에 노출됐을 때 우리 몸에 형성돼 있는 아군 즉, 항체가 세균인 적군을 공격하는 것과 같은 원리다.

이러한 백신의 개발로 알츠하이머 치매도 치료할 수 있는 질환으로 바뀌고 있다. 그러나 이제까지 모든 백신이 그랬듯이 치매 백신 또한 부작용의 위험성을 가지고 있으므로 이러한 문제를 해결해야 실제 일반인들에게 사용될 수 있다. 또한 치매 백신만 믿고 치매 예방을 위한 생활습관 개선이나 고혈압, 당뇨 등의 치료를 게을리 한다면 오히려 득보다 실이 많을 것이다.

혈관성 치매와 알츠하이머 치매의 차이

혈관성 치매란 뇌졸중 즉, 뇌경색이나 뇌출혈과 같은 일종의 풍이 나타난 이후에 뇌혈관의 문제로 치매가 발생하는 것이다.

70대인 정 씨는 고혈압이 있긴 하지만 비교적 건강한 편이었다. 초등학교 교장으로 정년퇴직한 후 친구들과 어울려 바둑을 두기도 하고 종종 술을 즐기기도 했다. 그러던 중 내원 6개월 전부터 한쪽에 저린 느낌이 들기 시작하더니 산책을 하던 중 갑자기 오른쪽 팔과 다리에 힘이 빠져 병원을 찾게 됐다. 뇌혈관 일부가 막힌 뇌경색이라는 이야기를 들은 정 씨는 다행히 입원 치료와 약물 복용을 통해 상당 부분 회복됐다. 재활치료를 통해 운동 능력도 향상돼 가까운 뒷산에 등산을 다닐 정도가 됐다.

그러나 정 씨는 한 달 전부터 갑자기 기억력이 떨어져 했던 이야기를 하고 또 하곤 했는데 옛날 일에 대해서는 생생하게 묘사를 잘하면서도 최근 일들은 기억을 잘하지 못하고 물건의 이름을 말하지 못했다. 친구에게 주소를 불러주는 데도 한참 시간이 걸리고 보름 전부터는 아침에 본 뉴스를 저녁에 처음 본 것처럼 반응하기도 했다. 최근에는 말을 잘 못하고 가게에서 물건을 사는 간단한 일조차 힘들어 했다.

내원 1주일 전부터는 초조해하며 한 자리에 가만있지 못하고 밤에도 돌아다니기 일쑤였다. 걱정된 가족들은 병원에 가보자고 했지만 화를 내며 자신은 아무 문제가 없다고 주장했다.

정 씨의 경우 뇌 자기공명영상 즉, MRI를 다시 찍어본 결과 뇌경색이 있었던 좌측 전두엽과 측두엽 쪽에 뇌경색이 재발한 것은 아니었지만 뇌경색이 있었던 부분 주위의 신경세포가 손상된 흔적이 발견됐다. 인지기능 검사 상 예전 기억에 비해 최근 기억이 더 많이 손상돼 있었다. 물건이나 사람 이름을 말하는 데 어려움이 많아 일상생활에 막대한 지장을 끼치기 시작했다. 전에 뇌경색을 앓았고 갑작스럽게 기억력과 주의력을 비롯한 인지기능이 떨어졌다는 것을 바탕으로 혈관성 치매를 의심할 수 있었다.

이와 같은 혈관성 치매는 뇌출혈이나 뇌의 혈관이 막히는 뇌경색과 같은 뇌혈관 질환으로 뇌세포가 손상되면서 발생한다. 우리나라에서 혈관성 치매 환자는 전체 치매의 25% 정도로 보통 노인성 치매라고 부르는 알츠하이머 치매 다음으로 많다.

노인성 치매인 알츠하이머 치매와 혈관성 치매는 다음과 같이 구별된다.

일단 혈관성 치매는 뇌 MRI를 찍어보면 뇌혈관 질환이 발생한 곳이나 혹은 주변부의 신경세포의 괴사가 관찰된다. 하지만 이런 변화는 늘 관찰되는 것이 아니기 때문에 뇌 MRI를 찍기 전에 몇 가지 단서를 통해 이것이 혈관성 치매인지, 알츠하이머 치매인지 구별해야 한다.

물론 뇌혈관 질환의 과거력이 있으면 혈관성 치매를 강력하게 의심할 수 있다. 좁은 의미에서는 뇌경색이나 뇌출혈이 발생한 지 3개월 이내에 생겨야 혈관성 치매이지만, 최근에는 뇌경색이 생긴 지 1년이 지난 뒤에도 혈관성 치매가 발병할 수 있다고 보고된 바 있다. 이는 뇌혈관 질환이 발생한 부분뿐 아니라 주변 부위도 손상 받을 수 있기 때문이다. 즉, 혈관성 치매라고 해서 반드시 뇌혈관 질환과 동시에 생기는 것은 아니며 시간 간격이 있을 수 있다는 것이다. 마치 논에 물을 대는 수로가 막혔을 때 벼들이 바로 죽는 것은 아니지만 시간이 지나면서 말라버린 물길 주변의 벼들이 죽는 것과 같다.

둘째, 인지기능이 갑자기 떨어졌다거나 단계적으로 나빠지는 경우 혈관성 치매를 의심하게 된다. 알츠하이머 치매는 아주 서서히 진행되므로 보호자들이 증상이 악화된 시기를 정확히 알지 못하는 경우도 많지만 혈관성 치매는 인지기능이 갑자기 저하되는 경우가 많다. 그러나 일부 혈관성 치매 즉, 피질하 치매(Subcortical Dementia) 같은 경우에는 좀 더 서서히 진행되기도 한다.

셋째, 운동장애나 발음의 문제처럼 신경학적 징후가 함께 온다. 두통이나 어지럼증, 실신 같은 증상이 동반되기도 한다.

하지만 세 가지 모두 절대적 기준은 아니므로 다른 상황과 함께 종합적으로 판단해야 한다. 게다가 두 가지 양상이 혼합된 사례도 있기 때문에 알츠하이머 치매와 혈관성 치매를 엄밀하게 구분하기 어려운 환자들도 적지 않다.

혈관성 치매, 유일하게 예방이 가능한 치매

혈관성 치매는 각종 치매 중에서 유일하게 예방이 가능한 치매다. 혈관성 치매의 치료는 위험인자를 조절해 예방하는 방법과 치매 자체를 예방하는 방법으로 나뉜다. 알츠하이머 치매에 대해서는 아직 예방이나 치료법이 없지만, 혈관성 치매는 다행히 예방할 수 있다.

가장 중요한 것은 혈압이 높을 경우 운동, 음식, 약물을 통해 조절하는 것이다. 유럽에서 시행된 수축기 고혈압 연구에서는 장기적인 고혈압 치료로 치매 위험도를 55% 감소시켰다는 결과가 발표됐다. 생활 속에서 혈압을 조절하기 위해서는 규칙적인 운동을 하고 음주와 짠 음식을 피해야 한다.

당뇨 또한 뇌경색의 원인이 되기 때문에 운동과 체중조절을 통해 당뇨를 예방하고, 만약 당뇨가 있다면 약물치료 등으로 철저하게 관리해야 한다. 이와 관련해 흡연도 혈관성 치매의 가능성을 높이므로 가능한 빨리 금연해야 한다. 고령층은 대부분 혈관이 동맥경화증으로 좁아져 있기 때문에 혈관에 장애를 주는 심한 흡연은 뇌졸중을 유발하는 원인이 될 수 있다. 또한 과거 뇌졸중 병력이 있다면 정기적으로 인지기능 검사 등을 통해 치매로의 진행을 미리미리 확인해야 한다.

뇌경색에 의한 혈관성 치매 환자는 혈관이 막히지 않도록 항혈소판제(아스피린이나 티클로피딘)를 복용하는 것이 도움이 된다. 이는 뇌경색의 재발을 막고, 혈관성 치매로 진행할 확률을 줄여준다. 하지만 항혈소판제가 늘 좋은 것은 아니다. 멍이 잘 들거나 치아 하나만 뽑아도 지혈이 잘 되지 않을 수 있다. 따라서 이에 대해 미리 의사와 상담해 부작용을 예방해야 한다.

또한 전통적으로 알츠하이머 치매에서 인지 기능의 개선을 위해 사용되던 콜린에스터레이즈 억제제(Cholinesterase Inhibitor)라는 인지기능 개선제가 혈관성 치매에도 효과가 있다고 알려져 있다. 사실 이런 약물들이 인지기능을 완전히 예전의 상태로 되돌려줄 수는 없지만 급격한 악화는 막을 수 있다.

치매 환자는 기억력만 떨어지는 것이 아니라 불안이나 우울감 등 심리적 증상도 동반하기 때문에 이를 주의 깊게 살펴봐야 한다. 가족들도 스트레스를 받지 않으려면 환자의 변화를 일부러 그런다고 여기거나 성격 문제로 보지 말고 질병의 한 증상으로 이해해야 한다. 혈관성 치매의 원인이었던 뇌경색, 뇌출혈이 재발할 경우 치매 증상은 더욱 악화되므로, 전과 다른 변화가 발견되면 빨리 병원을 찾아야 한다.

안타깝게도 혈관성 치매에 걸리면 60%는 5년 이내에 사망하는 것으로 알려져 있다. 일부 회복되는 경우도 있으나 현재 의학으로써는 완전한 회복이 어려운 것이 사실이다. 최근 인지기능 개선제의 발달로 인지기능의 부분적 회복과 함께 인지기능의 저하를 서서히 낮출 수 있는 경우도 많다. 그러나 무엇보다 적극적인 예방이 중요하다.

치매 예방을 위해서는 건강한 인간관계를 활발하게 유지하는 것이 좋다. 시카고 러시대학의 알츠하이머병 연구소에서는 인간관계와 인지기능에 대한 연구를 진행한 바 있는데, 인지기능에 아무 문제가 없는 800명의 노인을 대상으로 사회적 교류가 많은 집단과 그렇지 않은 집단으로 나눠 4년 후 인지기능의 변화를 측정해보았다. 연구 결과, 사회적 교류가 적은 집단이 치매 증상을 보일 확률이 두 배나 높았다고 한다.

노년기에도 지속적으로 친구나 친척을 만나거나 여행을 가거나 영화를 보는 등 사회활동을 하는 것이 인지기능 유지에 도움이 된다. 사회활동은 뇌의 기능을 촉진시키고 신경세포 간 연결을 도와준다. 따라서 사회활동이 활발한 사람은 뇌의 손상이나 기능저하에 대한 저항력이 더 높다고 한다.

친목단체나 스포츠클럽, 종교활동, 자원봉사활동과 같은 단체활동을 꾸준히 하면 치매에 걸릴 확률이 15% 이상 더 낮다는 보고도 있다. 여가생활도 중요한데 영화, 연극, 전시회 관람을 하거나 여행, 외식을 즐기는 경우 치매의 위험을 40% 정도 더 낮출 수 있다고 한다.

노년기 인지재활훈련

나이를 먹으며 눈에 띄게 쇠퇴하는 뇌기능은 기억일 것이다. 지역사회 노인들을 대상으로 연구한 결과, 60세 이상의 절반 정도가 자신이 심각한 기억 문제를 갖고 있다고 답했으며, 극히 일부를 제외하고는 노년기에 가장 자주 언급되는 문제로 기억력 감퇴를 꼽았다.

노인들을 위한 기억 훈련 프로그램에 대한 개발과 연구는 1970년대 초반부터 시작됐다. 연구 결과, 노화와 관련된 기억 기능 감퇴 문제를 예방하거나 적어도 감퇴를 최소화시킬 수 있는 몇 가지 요소들이 확인됐다. 물론 이 중 어떤 것은 유전적인 요인처럼 개입할 수 없는 것도 있지만, 그 밖에 기억 수행에 영향을 미친다고 알려진 요인 중에 기억 인물을 위한 기억 전략 학습, 기억 신념, 생활양식, 전반적인 건강, 정서 등은 충분히 심리사회적으로 개입할 수 있는 부분들이다.

물론 기억 훈련 프로그램은 연구자가 기억력의 어떤 부분을 향상시키려 하는지에 따라 그 구성요소와 종류가 매우 다양하다. 기억 전략을 훈련시켜 효과적인 부호화와 인출을 하도록 함으로써 기억 기능을 향상시키고자 하는 경우에는 기억법을 집중적으로 훈련시키는 단일 요인으로 구성한다. 대부분의 전통적인 기억 훈련 프로그램이 여기에 해당된다.

이와 비교해 다요인 기억 향상 프로그램은 기억법 훈련을 필수요소로 하되, 노인의 기억 수행에 영향을 준다고 알려진 기억 신념을 변화시키는 요소를 첨가하거나 주의 집중력, 정보 처리 속도 훈련, 스트레스 면역 훈련과 같은 요소를 덧붙여 구성한 것이다. 다요인 기억 향상 프로그램은 기억력 노화가 정상적인 노화에 동반되는 것 외에 노화에 대한 고정관념, 기억 신념, 전반적인 건강상태, 생활양식에 따라 다르게 나타날 수 있다는 점을 강조하는 것이 특징이다.

그 중에 몇 가지 효과적인 전통적 기억 향상 프로그램을 소개하겠다.

장소법

쇼핑 목록, 단어 목록과 같이 단일 항목의 정보에 대한 기억 향상을 위해 전통적 기억 훈련에서 가장 자주 사용하는 방법이다. 장소법은 가장 강력하고 효과적인 방법 중 하나다. 장소는 쉽게 기억할 수 있고 시각화할 수 있으며 기억하기 쉬운 특정 순서가 있어야 한다. 상상을 통해 익숙한 장소와 목록을 연합시킨 뒤, 차례차례 마음속으로 장소를 거닐면서 연합시킨 단어들을 떠올린다. 장소법은 주의집중 훈련과 함께 사용될 때 그 효과가 배가된다.

쐐기법(pegging)

쐐기법은 노인들이 자주 호소하는 이름과 얼굴을 기억 못하는 문제를 해결하는 데 유용한 방법이다. 이 전략은 세 단계 과정을 거치게 된다. 첫 번째 단계는 특정 인물의 이름에 대한 쐐기 이름(Peg Name)을 만들고, 두 번째 단계는 그 사람의 독특한 시각적 특성을 확인하며, 세 번째 단계는 쐐기 이름과 그 사람의 시각적 특성을 연합하는 것이다.

쐐기 박기는 사람마다 다른 다소 사적인 과정이다. 따라서 자신의 쐐기와 특수화된 시각적 이미지들을 만들어 내도록 격려해야 한다. 쉽게 시각화될 수 있는 구체적 사물일 때 가장 효과적이다. 사람의 이름과 그 사람의 특징 사이에 생생한 연합이 만들어질수록 기억을 잘 할 수 있다.

그러나 쐐기법은 상당한 연습이 요구되는 과정이며 대부분의 노인들은 이름을 기억하는 데 이렇게 많은 시간과 노력을 들이려하지 않는다는 단점이 있다. 또한 장소법과 마찬가지로 자유회상을 할 때 이 방법을 사용하도록 치료자가 격려하지 않으면 잘 사용하지 않는 경향이 있다. 그러나 익숙해지면 이름과 얼굴을 기억하는 데 효과적인 방법이다.

연합법 혹은 연쇄법(association or chunking)

연합은 연관성을 형성하기 위해 두 가지 항목을 연결 짓는 방법으로, 기존의 정보들과 연결시키거나 기억 연쇄를 형성하기 위해 다양한 정보 유형들(청각적인 것, 시각적인 것, 운동적인 것)을 연결시킬 수 있다. 연합을 형성할 수 있는 방법들은 무수히 많으며 다른 기억법보다 일상생활에 유용하게 적용할 수 있다.

예를 들어, 약 먹는 것을 반복적으로 잊어버리는 사람은 약이 생각나도록 자주 사용하는 머그컵에 알약 모양 스티커를 붙여 놓는다. 공과금을 내는 것을 반복적으로 잊어버리는 사람은 지로 용지를 생각할 수 있게끔 매달 초에 전화기 위에 작은 별을 붙여 놓을 수도 있다.

물론 노인들이 자주 잃어버리는 것과 어떤 사물 사이에 시각적 연결고리를 만드는 데는 많은 연습이 필요하다. 그러나 일단 시각적 이미지가 강해지면 연합은 더욱 강해질 것이다. 연합의 중요한 측면은 그 사람에게 개인적으로 의미 있는 연결이어야 하는데 이처럼 사적인 정보를 끌어내 연결하도록 격려할수록 저장 과정은 더욱 영구히 지속된다.

묶음법(grouping)

묶음법은 많은 양의 정보를 기억하기 쉬운 작은 단위들로 묶는 방법. 정보를 조직화해 다루고 부호화할 때 효과적인 방법이다. 이 원리는 정보를 부호화하기 위한 즉각적인 저장양이 한 번에 7±2라는 전제에 근거한 것이라고 한다. 예를 들어 전화번호가 123-1234인 경우 123과 1234로 나눌 수 있다. 이 방법은 전화번호, 계좌번호, 주민번호 등 사적인 정보 항목 목록, 시장 볼 물건의 품목 목록, 해야 할 일 목록, 약속 등의 정보를 기억하는 데 유용하게 사용될 수 있다.

물론 이들 방법은 혼자 연습하기에는 어려움이 따른다. 하지만 기억장애 클리닉 등을 이용하면 보다 쉽게 기억력 향상 프로그램을 익힐 수 있다.

노년기 자살

위기의 노년,
사회적 관심이 절실한 시기

> 70대 박 씨는 자살 사고를 주소로 입원했다. 10년 전 사별 후 외롭게 혼자
> 살아온 박 씨는 언제부터인가 죽고 싶다는 생각을 자주 하게 됐다. 이렇게
> 외롭게 사느니 차라리 죽어서 부인이 있는 하늘나라로 가고 싶다는 생각을
> 하게 된 것이다. 물론 잠도 안 오고 입맛도 없어 각종 우울증상을 갖고 있었
> 다. 입원해서 치료를 진행했지만 우울감은 쉽게 사라지지 않았다.

우리나라는 OECD 국가 중 자살률 1위라는 불명예를 갖고 있다. 그
중 65세 이상 노인 자살률은 2013년 기준, 인구 10만 명당 81.9명으로
1위를 차지하고 있다. 우울한 노년기를 견디다 못해 자살로 생을 마감
하는 이들이 많다는 것은 매우 불행한 일이 아닐 수 없다.

특히 위 사례처럼 사별 후 사회적으로 고립된 생활을 하는 이 중에
자살을 생각하는 경우가 많다. 그 외에 우울증 등 정신질환이 있는 경

우, 과거에 자살 시도 경험이 있는 경우, 암 등 각종 신체질환을 가지고 있는 경우도 자살 고위험군에 속하기 때문에 자살 예방 측면에서 적극적인 개입이 요구된다.

노년기는 자식의 분가, 은퇴, 사별 등 생의 국면에서 중대한 변화를 맞게 되는 시기다. 특히 직업을 잃고 자식을 독립시키고 가까운 가족이나 친구들을 떠나보내거나 재산을 잃는 등 어느 연령대보다 많은 상실감을 경험하게 된다. 이로 인해 심리적 압박감과 다양한 갈등을 겪게 되는데, 이들이 하나하나 쌓이면 걱정, 불안, 초조, 신경쇠약, 의욕상실, 우울감 등을 야기하고 심한 경우 자살 사고로 이어지기도 한다.

기타, 젊은 연령층에 비해 사회적 지지망과 친지나 친구와의 접촉이 감소하는 점도 자살에 큰 영향을 미칠 수 있다. 은퇴나 퇴직 자체가 노인 자살의 중요한 위험요인은 아니지만, 갑자기 원치 않는 퇴직이나 은퇴를 맞아 이러한 변화에 대처할 융통성이 부족한 경우, 자살의 위험요인으로 작용할 수 있다.

노인 자살에 영향을 미치는 정신질환

심리학적 부검(Psychological Autopsy, 자살한 사람의 과거 행적을 찾아 자살하기까지 고인의 심리적 상태를 확인하는 작업)에 의한 연구들에 따르면, 정신질환 특히 우울증이 노인 자살의 가장 중요한 심리학적 위험요인으로 간주되고 있다. 자살한 노인의 75% 이상에서 자살 당시 적어도 하나 이상의 정신질환을 갖고 있는 것으로 추정되는데, 50~87%는 우울증이 있었던 것으로 보고되고 있다.

이러한 경향은 특히 노인의 연령이 증가할수록 더욱 높아진다. 노년기 조현병이나 망상장애의 경우에도 자살률이 6~17%로, 일반 노인군의 자살률인 0.1%보다 훨씬 높다. 알코올 의존을 포함한 약물사용 장애도 자살률을 높이는 주요 정신질환 중 하나다. 노인 자살 수행자들의 성격은 신경증적이고 폐쇄적이며 주변에 관심이 별로 없는 것으로 알려져 있다.

또한 자살 수행 노인의 경우, 자살 시도 경험이 있으면 자살 위험이 39배 더 높다. 특히 자살 수행 일주일 전 기간 동안 자살 시도를 한 노인이 약 3분의 1에 달했다. 따라서 최근에 자살 시도를 한 노인의 경우는 특별히 더 관심을 기울여야 한다.

질병으로 인한 우울증이나 다른 정신병리가 유발될 경우 자살에 큰 영향을 미칠 수 있다. 이 경우 고연령층의 노인이나 남성 노인의 경우 더욱 큰 영향을 받는 것으로 보고되고 있다. 특히 75세 이상 고 연령군인 경우 신체질환은 자살 위험을 약 5배 높일 수 있다고 한다. 남성 암 환자의 경우, 진단을 받은 지 2년 이내에 자살률이 증가하는 것으로 보고되고 있고, 이들 환자의 63~85%에서 우울장애나 불안장애 같은 정신질환이 동반된 것으로 알려져 있다.

노인 자살의 특징은 치명적인 방법을 선택하기 때문에 사망률이 높다는 것이다. 노인 자살자들은 대개 자살의 징조를 보이지 않다가 갑자기 치명적인 방법을 사용한다. 따라서 더욱 가족들의 세심한 주의가 필요하다. 주변에 우울감, 고립감, 무력감 등을 느끼는 노인들이 있다면 집중적인 관심을 기울여야 한다.

3중 전략으로 종합대책 마련해야

노년기 자살을 예방하기 위해서는 제도적으로 접근할 필요가 있다. 특히 단일 전략을 사용하기보다 대상에 따라 보편적 예방, 선택적 예방, 집중적 예방의 3가지를 복합적이고 다차원적으로 적용해야 한다.

첫째, 보편적 예방은 전체 지역사회 주민들을 대상으로 진행되는 것이다. 일반인들은 노인들의 자살 사고나 우울감을 잘 발견하지 못하거나 발견하더라도 이러한 증상을 노화현상 정도로 대수롭지 않게 여기는 경향이 있다. 따라서 우울증이나 자살과 관련된 증상 및 자살 예방에 관한 교육, 홍보를 시행하는 것이 보편적 예방 전략의 하나가 될 수 있다. 최근 한국자살예방협회에서 만들어 교육 중인 '보고 듣고 말하기 교육'은 지킴이를 교육해 주변의 고위험군 노인을 찾아 도우려는 프로그램이다.

둘째, 선택적 예방은 현재 급박한 자살 위험도를 가지고 있지는 않지만 자살에 이를 수도 있는 노인들을 위한 자살 예방 전략이다. 대표적으로 '아웃리치 프로그램'이 있는데 이는 사회적 지지가 부족한 독거노인들을 대상으로 다양한 지지적인 상호관계를 제공하는 것이다. 미국

샌프란시스코의 노인자살예방센터(Center for Elderly Suicide Prevention)에서 시행하고 있는 '우정의 전화(Friendship Line) 프로그램'은 24시간 전화 서비스를 통해 노인들에게 정서적인 지지와 의뢰 서비스를 제공한다. 만약 고위험군 노인이 발견되면 가정방문을 시행하고 여러 가지 자문이나 정신건강 서비스를 적극적으로 제공하는 집중적인 예방 전략으로 전환하게 된다.

신체적인 건강상태와 기능장애 등이 우울증이나 자살 사고와 관련이 있으므로 이들 노인들에게 독립적인 기능을 유지하도록 도와주는 프로그램, 굳이 입원을 하지 않아도 치료받을 수 있게 방문간호나 재활 서비스에 대한 접근성을 높여주는 프로그램, 통증 치료나 간호 서비스를 쉽게 받을 수 있게 하는 프로그램들도 선택적인 예방 전략들이 될 수 있다.

셋째, 집중적 예방은 자살과 관련돼 있다고 여겨지는 정신질환을 가지고 있거나 긴박한 자살위험을 가지고 있는 고위험군 노인을 대상으로 하는 예방 전략이다. 예를 들어, 우울증이 있는 노인에게 항우울제 약물치료나 정신치료를 적극적으로 제공하는 것이다.

미국에서는 노인우울장애의 조기발견 및 치료를 통해 노인 자살률을 줄이기 위해 국가정신보건원(NIMH)에서 1차 노인자살예방 프로그램(Prevention of Suicide in Primary Care Elderly: Collaborative Trial(PROSPECT))을 대규모로 시행하고 있다. 이 프로그램은 1차 진료의가 우울증 환자를 선별한 뒤 1차 치료약을 투여하거나 대인관계치료를 받을 수 있도록 조치한다.

고위험군 노인들의 자살에 대한 집중적인 예방법으로 지역사회 방문 프로그램도 유용하다. 이 프로그램은 고위험군 노인을 확인하기 위해 '지킴이(gatekeeper)'를 이용한다. 이들은 노인 자살과 노인 우울증에 대한 교육을 받은 일반인으로 해당 지역에 거주하는 경찰관, 소방관, 약사, 은행원, 성직자, 아파트 관리인, 신문 우유 배달원, 기타 직업상 노인들을 자주 만나게 되는 사람들이다. 노인들을 관찰하며 자살이나 우울증이 의심되면 정신건강센터의 사례관리시스템으로 의뢰해 전문적인 평가와 치료를 받게 하는 것이다. 일본에서도 이와 유사한 프로그램을 적용해 효과를 보고 있다고 한다.

아직 우리나라의 경우 체계적인 예방 프로그램이 미흡한 상태다. 그러나 최근 자살예방센터나 정신보건센터 등에서 노년층을 위한 각종 프로그램을 시행하고 있으니 이를 잘 활용해야 할 것이다.

부록

마음의 병을 앓고 있는
환자 가족을 위하여

01
정신건강의학과 약물에 대한
오해와 진실

정신건강의학과의 약물치료에 대해 이런저런 편견을 갖고 있는 게 사실이다. 이러한 편견에 휩싸여 약물을 거부하는 경우도 종종 있는데, 이는 증상을 악화시킬 뿐이다.

정신건강의학과 약물에 대한 대표적인 편견은 중독성이 있으니 하루 빨리 약을 끊어야 한다는 것이다. 정신건강의학과에서 사용하는 약물은 항정신병 약물, 항우울제, 기분조절제, 항불안제 등이 있다. 물론 항불안제인 벤조다이아제핀계 약물은 중독성이 있다.

그러나 모든 약물이 중독성을 갖고 있는 것은 아니다. 아마 과거에는 벤조다이아제핀계 약물이 주요 약물로 사용되었기 때문에 이러한 편견을 갖게 된 것이 아닌가 싶다.

하지만 현재는 다양한 약물들이 사용되고 있으며, 최근 가장 주요하게 사용되는 치료제 중 하나인 항우울제들은 중독성이 전혀 없다. 항불안제 중에도 중독성이 없는 약물들이 개발돼 사용되고 있다. 따라서 모든 정신건강의학과 약물들이 중독성이 있는 것은 아니다.

두 번째 편견은 정신건강의학과 약물을 오래 사용하면 바보가 되거나 치매에 걸린다는 것이다. 이 또한 잘못된 생각이다. 일부 수면제와 같은 약물들을 복용하면 일시적인 인지기능의 장애 즉, 집중력, 기억력의 저하가 올 수 있다. 그러나 대부분의 경우 일시적으로 일어나는 현상이다. 이들 약물들로 뇌세포의 변성이나 퇴화가 나타나 치매 등 병이 생기거나 바보가 되려면 약물을 아주 많이, 그것도 아주 오랜 기간 복용해야 한다. 대부분의 치료 용량으로는 이런 변화를 유발하기 어렵다. 오히려 불안이나 우울과 같은 증상을 방치하면 치매의 발병 가능성이 높아진다는 연구도 많다.

하지만 올바른 약물 사용을 위해서는 반드시 다음과 같은 원칙을 준수해야 한다.

올바른 약물사용 지침

약물치료 기간은 반드시 주치의와 상의해야 한다

대부분의 약물은 적정 복용 기간이 정해져 있다. 이는 정신건강의학과 질병들이 뇌 질환이라 충분한 기간 복용해야 호전되기 때문이다. 따라서 질병에 따라 정해진 치료기간 동안 복용해야 한다. 많은 환자들이 약을 복용한 뒤 증상이 호전되면 다 나았다고 생각해 복용을 중단하곤 한다. 하지만 이는 증상이 호전된 것이지 완쾌된 것은 아니다. 이 상태에서 복용을 중단하면 조만간 재발 또는 악화될 수 있다.

물론 일시적으로 복용해도 되는 약들이 있다. 일시적인 불면증이나 사회불안장애는 필요시에만 약물을 복용한다. 이 경우에는 주치의가 미리 설명을 해줄 것이다. 이처럼 특수한 경우가 아니라면 충분한 기간 약을 복용해야 한다.

▍약의 특성에 맞게 중단해야 한다

일정기간 약물을 복용한 뒤에는 중단해야 한다. 그러나 많은 경우 약을 끊기 어렵다고 호소한다. 이는 대부분 약물 중단법에 대한 정확한 지식 없이 임의로 중단하려 하기 때문이다. 약물마다 중단법이 있으므로 이를 잘 숙지한 뒤 주치의의 감독 하에 서서히 중단해야 한다. 특히 마지막 단계에서 소량의 약물이 남았을 때는 보다 점진적으로 중단하는 것이 원칙이다.

▍약물에는 효과를 나타내는 작용과 부작용이 공존한다는 점을 유념해야 한다

이 세상의 모든 약물은 작용과 부작용을 갖고 있다. 그러나 부작용이 인간에게 치명적이지 않다고 증명되었기 때문에 시판되고 있는 것이다.

물론 개인에 따라 심각한 부작용이 나타나 복용을 중단해야 하는 경우도 있다. 그러나 대부분 부작용은 약물 복용 초기에 나타나고 몸이 약물에 적응함에 따라 서서히 사라지게 된다. 약물에 따라 다르지만 항우울제와 같은 약물은 수 주가 지난 뒤 효과가 나타나기도 한다. 따라서 약물 복용 초기에는 효과보다는 부작용만 나타날 수 있다. 그러나 그 부작용이 견딜 만하다면 대개 몇 주 후면 부작용이 사라지고 효과가 나타난다.

▌ 약물의 용량은 병에 따라, 환자에 따라 다 다르다

이는 약물을 분해하고 흡수하는 능력이 개인마다 다르기 때문이다. 약물에 따라서 약물 농도를 측정해 용량을 맞추기도 한다. 따라서 증상이 비슷하다고 다른 사람의 약물을 복용하는 것은 금물이다. 특히 정신건강의학과 질병들은 증상은 유사해도 완전히 다른 질병인 경우가 많으므로 의사의 처방 없이 다른 사람의 약을 복용해서는 절대 안 된다.

이 세상 누구도 정신건강의학과 약물을, 아니 그 어떤 약물이든 좋아서 먹는 사람은 없다. 더욱이 장기 복용을 좋아할 사람은 없다. 그러나 병에 걸리면 치료를 위해 어쩔 수 없이 복용해야 한다. 따라서 약을 복용해야 할 때는 위와 같은 약물복용의 수칙을 제대로 알고 복용해야 치료효과를 높이고 부작용도 최소화할 수 있다.

02
우울증이나
불안장애 환자 가족의 역할

　우울증이나 불안장애 환자들의 병은 가족 전체에 영향을 주고, 최악의 경우 가족의 해체를 야기하기도 한다. 우울증에 걸린 가족이나 배우자를 보살피다가 우울증 치료를 받게 되는 경우도 적지 않은데, 많은 정신건강의학과 의사들은 우울증이 전염된다고 말한다. 실제 기분은 전염성이 있어서 우울증 환자가 있는 가정에서 또 다른 우울증 환자가 발생할 확률이 높은 것이다. 우선, 이런 환자들의 가족이 경험하기 쉬운 문제들과 그 해결책은 무엇인지 알아보겠다.

우울증이나 불안장애 환자의 문제와 해결책
▎가족 관계를 회피한다

　많은 환자들은 대인관계에 어려움이 있기 때문에 방에서 문을 걸어 잠그고 두문불출한다. 즉, 과거 부정적인 대인관계 경험으로 불안과 우울감을 갖고 있는 환자는 그러한 문제가 다시 반복될까봐 피하려는 것이다.

이로 인해 가족 간의 관계가 붕괴되면 서로 무관심으로 일관하게 된다. 이는 불안장애나 우울증을 더욱 악화시킬 수 있다. 따라서 이런 경우 가족들이 적극적으로 환자와의 관계를 개선하기 위해 노력해야 한다.

▌ 가족 간에 오해가 생기기 쉽다

특히 우울증이 심각한 경우 피해망상이나 부정망상과 같은 망상이 동반되는 경우가 많다. 이로 인해 가족을 의심하고 그 결과 가족 전체가 의심과 분노에 휩싸이기도 한다. 또는 의심이 일부 가족 간, 또는 일부 관계에 나타나 구성원끼리 편이 나뉘어 가족 간 갈등으로 번지기도 한다.

따라서 불안장애나 우울증이 있는 환자의 가족들은 환자와 오해가 생기지 않도록 주의하고, 오해가 생기면 이를 해결하기 위해 더 많은 노력을 기울여야 한다. 특히 가족들에게 오해의 소지가 있는 경우 가족회의를 통해 오해를 풀고, 환자가 망상이 있는 것은 아닌지 정확한 진단을 받도록 한다.

▌ 감정 표현이 부족하다

우울증이나 불안장애 환자의 가족들은 흔히 환자가 감정 표현이 없다고 말한다. 이는 우울증의 주된 증상 중 하나가 무감동증이기 때문에 감정을 잘 느끼지 못하고 그 결과 표현도 안 하게 되는 것이다. 따라서 가족들이 증상에 대한 이해를 높이고, 불평하기보다는 적절하게 감정을 표현할 수 있는 기회를 제공하는 것이 좋다.

❙ 분노발작을 한다

이 또한 가족들을 놀라게 하는 증상이다. 흔하지는 않지만 우울증이나 불안장애 환자들은 약간의 자극에도 쉽게 분노발작을 일으키는 경우가 있다. 이런 일이 벌어지면 가족들은 움츠러들기 쉽고 심한 경우 환자에게 겁을 먹어 피하기도 한다. 어떤 경우 가족들은 우울증이나 불안장애가 아니라 더 심각한 다른 병이 있는 것은 아닌지 의심하기도 한다.

우울증이나 불안장애 환자라고 해서 항상 기운이 없고 늘어져 있는 것은 아니다. 기분이 안 좋고 예민하다 보니 작은 자극에도 쉽게 분노하는 것이다. 이러한 경우에는 당황하지 말고 환자를 진정시키고 차분한 분위기에서 무엇이 환자에게 그토록 화를 나게 했는지 물어본다. 그리고 다시는 그런 일이 발생하지 않도록 주의한다.

❙ 만성적인 긴장으로 2차 문제들이 파생한다

환자들은 불안하고 우울하기 때문에 긴장 상태인 경우가 많다. 때로는 산만하기도 하고 집중력이 떨어진다고 호소한다. 긴장 때문에 밤에 잠을 못 이루는 경우도 많다. 두통이나 요통도 흔하고 각종 관절통증으로 고통을 겪는다. 문제는 환자들이 이런 긴장감을 해소하기 위해 술을 많이 마시거나 음식, 성관계, 인터넷 등에 빠진다는 점이다.

알코올이나 약물중독 환자들은 초기에는 불안장애나 우울증을 가지고 있다가 2차적으로 알코올이나 약물중독에 빠지는 경우가 많다. 따라서 이런 긴장감을 해소하기 위해 치료자와 상의해 적절한 약물치료를 받게 하거나 운동이나 복식호흡 등 이완에 좋은 활동을 할 수 있도록 도와야 한다.

▌ 자존감이 낮다

이는 우울증의 주요 증상이기도 하지만 오랜 기간 우울증이나 불안장애에 시달리다 보면 자신도 모르게 자존감이 낮아질 수 있다. 그렇게 되면 환자들은 열등감으로 대인관계를 회피하고 타인에 대한 반응에 매우 부정적이기 쉽다. 그 결과 가족 간의 갈등과 불화가 잦아진다.

이때 가족들은 보다 균형 잡힌 시각에서 환자의 부정적인 사고를 긍정적인 것으로 바꾸어 주기 위해 노력해야 한다. 환자의 생각이 틀렸다고 다그칠 것이 아니라, 다르게 생각해볼 수는 없는지 인내심을 갖고 같이 생각해보자고 설득하는 것이 좋다. 즉, 가족들이 균형 잡힌 시각과 보다 여유 있는 태도를 보여줘야 환자에게도 도움이 된다.

그런데 우울증이나 불안장애 증상을 보이는 가족이 치료를 거부하는 경우가 있다. 아직 우리 사회는 정신건강의학과 치료에 대한 편견과 약물의 부작용에 대해 지나친 우려를 갖고 있다. 또한 제대로 치료받으면 나을 수 있다는 인식도 부족하기 때문에 치료를 거부하는 경우가 적지 않다.

이 경우 가족들이 할 수 있는 일은 다음과 같다.

가족들의 역할

▌ 솔직하게 대화를 시도한다

가족 중 누군가 불안이나 우울증상을 보여 걱정이 되면 자신의 걱정을 허심탄회하게 털어놓는 것이 좋다. 상대가 어떻게 받아들일까 두려워 망설이거나 에둘러 이야기하지 말고 가족이 걱정하는 부분이나 문제가 무엇인지 정확히 전달하고 전문가의 진단을 받아 보자고 설득한다. 때로는 환자 자신도 잘못을 인식하고 있지만 용기가 없어 선뜻 치료를 받지 못하는 경우도 있다. 이때 가족들의 진심어린 걱정을 듣게 되면 환자는 용기를 내 기꺼이 치료를 받으러 가게 될 것이다.

▌ 정확한 정보를 제공한다

많은 환자들은 자신의 증상이 병 때문인지, 아니면 그저 성격 때문인지 구분하기 어렵다. 또한 병이라고 해도 어디서 진단이나 치료를 받아야 하는지 몰라 치료시기를 놓치는 경우도 많다. 따라서 책이나 인터넷 등 믿을 만한 정보를 제공하면 환자가 보다 편안하게 치료를 받으러 갈 수 있을 것이다.

▌ 치료를 위해 구체적으로 돕는다

정확한 정보를 제공하며, 가족들이 시간을 내 병원을 예약하고 동행해주는 등 적극성을 보인다면 치료를 거부하던 환자도 마음을 돌리기 쉽다. 그러려면 평소 환자와 좋은 관계를 유지해야 한다. 환자가 가족을 믿고 의지할 만한 사람이라고 여긴다면 가족들의 걱정과 치료의 권유를 진심으로 받아들일 것이다. 그만큼 치료를 수락할 가능성도 높아진다.

▌ 환자의 안전을 최우선으로 한다

우울증이나 불안장애 환자들은 정도에 따라 다소 차이는 있지만 자살의 위험을 가지고 있는 경우가 적지 않다. 따라서 자살 의지나 행동들을 보인다면 반드시 빠른 시일 내에 도움을 받을 수 있도록 해야 한다. 자살 의지를 보이는데 환자가 병원 가기를 거부하면 경찰이나 지자체의 자살예방센터, 또는 정신건강증진센터 등 지역사회의 각종 기관에 연락해 조치를 받아야 한다. 이 경우 가족이 직접 방문할 수도 있고, 급한 경우 전화상담을 받을 수도 있다.

물론 환자가 자신이나 타인을 위험하게 하거나 자신을 스스로 돌볼 수 없는 상황이 아니라면 강제로 치료를 받게 할 수는 없다. 그러나 자신이나 타인의 안전에 위협이 된다면 보다 적극적인 치료가 필요하다.

▎환자에게 희망을 줘야 한다

최근에는 치료기법의 발달로 우울증이나 불안장애의 치료 예후가 상당히 좋아졌다. 따라서 이런 치료법들을 많은 사람들이 이미 받았고, 그 결과 호전된 사람들이 정상적인 생활을 영위하고 있다는 희망을 전해주면 치료를 거부하던 환자의 마음을 돌릴 수 있을 것이다. 무엇보다 가족들이 진심으로 회복되기를 원하며 건강한 생활을 바란다는 메시지를 전달해줘야 한다.

마지막으로 가족들이 환자를 위해 해야 할 일이나 마음가짐을 정리하면 다음과 같다.

- ◆ 가능하면 평소와 같은 관계를 유지한다.
- ◆ 환자의 고통과 슬픔을 이해하기 위해 노력한다.
- ◆ 불필요한 부정적인 생각은 피한다.
- ◆ 도와줄 일이 없는지 물어보면서 긍정적인 가족 분위기를 조성한다.

◆ 항상 배려하고 있다는 확신을 주고 환자를 존중하려고 노력한다.

가족 중 한 명이라도 우울증에 걸리면 가족 전체가 우울해지기 쉽다. 특히 아이들은 더욱 심각한 영향을 받을 수 있다. 따라서 우울증이 있는 가족의 치료와 함께 나머지 가족들의 정신건강에도 관심을 기울여야 한다.

03
공황장애 환자 가족의 역할

불안장애 중 극심한 공황발작을 호소하는 공황장애는 그 증상의 심각성 때문에 서둘러 치료를 받아야 하는 병 중의 하나다. 공황장애 환자의 가족들은 다음과 같이 환자를 도와야 한다.

▌ 이해와 지지를 보여준다

일반적으로 환자들은 누군가로부터 이해받고 지지받는다고 느낄 때 빠른 속도로 호전된다. 특히 가족에게 가장 많은 영향을 받는다.

많은 환자들은 자신만이 이런 끔찍한 병에 시달리고 있으며 따라서 아무도 자신을 이해하지 못한다고 생각한다. 오죽하면 치료하는 의사에게도 병을 앓아 보지 않아 자신을 이해하지 못한다며 불신을 표하겠는가? 특히 가족들은 병에 대한 전문지식이 부족하기 때문에 한밤중에 자다가, 혹은 멀쩡하게 밥을 먹다가 갑자기 죽을 것 같다고 불안해하는 공황장애 환자들을 이해할 수 없다.

공황발작으로 응급실을 찾아도 병원에서는 특별한 이상을 발견하지 못하는 경우가 많다. 이러한 일이 계속 반복되다 보면 가족들도 지치게 된다. 그리고는 환자에게 마음이 심약해서 그렇다거나 그 정도도 참지 못하냐며 오히려 비난을 퍼붓게 된다. 이렇게 가족들이 자신을 이해하지 못한다고 느끼게 되면 증상은 더욱 악화될 수 있다. 따라서 치료를 위해 가족들은 항상 환자를 이해하고 지지하려는 태도를 가져야 한다.

▌공황장애 치료과정과 치료 프로그램에 대해 잘 알고 있어야 한다

앞서 언급한 대로 공황장애 환자들은 일반인들은 느끼지 못하는 극심한 불안과 공포심을 갖고 있다. 그러나 대다수 가족들은 병과 치료에 대한 정보가 부족해 이를 이해하지 못한다. 가족들이 공황장애 및 치료과정에 대한 지식을 쌓는다면 환자를 좀 더 이해하기 쉬울 것이다. 특히 치료를 잘 받으면 호전될 수 있다는 사실을 알면 환자를 돕기 더 쉬워진다. 물론 환자의 치료 결과도 더 좋아질 것이다.

▌환자에게 긍정적인 태도를 보여준다

공황장애 환자의 중요한 인지적 왜곡은 죽을지 모른다는 공포심이다. 그만큼 극단적이며 매우 부정적인 생각을 하고 있는 것이다. 그 외에 많은 공황장애 환자들은 완벽주의와 자신에게 엄격한 태도를 갖고 있기 때문에 스트레스를 많이 받는다. 이때 가족들의 긍정적인 태도는 환자가 보다 균형 잡힌 시각을 갖도록 도와주고, 그 결과 극단적인 생각이나 완벽주의와 같은 스트레스를 일으키는 심리적 부담을 줄여줄 수 있다.

▍ 늘 곁에서 지켜준다

이는 환자에게 의존심을 갖게 하라는 것이 아니다. 그러나 환자들은 치료과정에서 힘겨운 상황들을 반드시 극복해야 한다. 이 경우 환자들은 고통과 외로움을 느끼기 쉽다. 환자들이 어려운 상황들을 잘 이겨나가도록 가족들이 도와줘야 한다.

예를 들어 공황발작이 두려워 혼자 운전을 하지 못하는 경우 운전할 때 옆자리에 동석해주거나 혼자 지하철을 타지 못하는 경우 지하철을 같이 타주는 것들이다. 이렇게 어떤 식으로든 가족들이 치료에 협조적이라는 것을 보여주는 것은 공황장애는 물론 모든 불안장애 환자의 치료에 매우 중요하다.

▍ 공황장애 환자들이 다급해하지 않도록 마음의 여유를 갖는다

물론 공황장애는 다른 정신질환에 비해 치료가 잘 되는 병이다. 하지만 환자에 따라 치료가 오래 걸리는 경우도 있다. 이 경우 환자들은 치료가 더디다고 불안해하는데, 이는 병을 더욱 오래가게 할 수 있다. 특히 성격이 급한 환자들은 몇 주나 몇 달 안에 치료가 끝나기를 기대한다. 그러나 치료가 그렇게 쉽게 끝나는 것은 아니기 때문에 더욱 불안해한다. 이때 가족들의 침착한 태도가 매우 중요하다. 실제 서서히 호전될수록 재발이 적고 완벽하게 나을 수 있다. 환자가 서두르지 않도록 가족들부터 느긋한 마음을 가져야 한다.

▌ 가족들도 재발 또는 도중 악화에 대비한다

치료과정 중 증상의 재발이나 악화는 흔히 일어날 수 있다. 누구도 하루아침에 갑자기 좋아질 수 없다. 대개는 계단식으로 서서히 호전된다. 즉, 어느 정도 좋아지다가 어느 기간은 정체되거나 다소 후퇴하기도 한다. 그러다 다시 한 단계 좋아지는 식의 과정을 거친다. 이때 잊지 말아야 할 것은 좋아지지 않았다면 악화나 재발도 일어나지 않으며, 재발이 돼야 한 단계 더 좋아질 수 있다는 것이다. 재발 또는 악화로 혼란스러운 환자들에게 가족들이 이러한 사실을 잘 전해주면 환자는 용기를 갖고 치료를 계속해 마침내 좋은 결과를 얻게 될 것이다.

▌ 스스로 극복하도록 격려한다

치료의 최종 책임은 환자 자신에게 있다. 앞서 환자의 곁에서 도와

쥐야 한다고 강조했는데 이는 치료 초기에 그러한 것이고, 결국은 환자가 어려운 상황들을 이겨내고 정상적인 생활로 돌아와야 한다. 물론 환자들은 극심한 공포 때문에 위축되기 쉽다. 어떤 가족들은 이런 환자를 대신해 모든 것을 다해주려는 충동에 빠지기도 한다. 그러나 모든 것을 대신해주면 환자가 어려운 상황에 직면할 기회를 갖지 못하게 되고, 그만큼 치료도 늦어질 것이다. 따라서 옆에서 도와줘야 하지만 어느 정도 회복된 다음에는 환자 스스로 어려운 상황들을 직면하도록 격려해야 한다.

그 외에도 공황장애 환자들이 평소 생활에서 지켜야 할 몇 가지 수칙들이 있다.

대표적인 것은 충분한 수면이다. 충분한 수면을 취하도록 가족들이 도울 수 있는 것은 없는지 고민해본다. 물론 균형 잡힌 영양 섭취를 하되, 무리한 다이어트나 지나친 운동은 피해야 한다.

간혹 가족들이 모르고 카페인이 든 음료수나 약물을 권하는 경우가 있는데, 카페인이 든 음료수는 금물이다. 절주와 금연도 공황장애 환자의 치료에 도움을 준다.

그러나 이런 생활 수칙들도 너무 엄격하게 강요하면 스트레스의 원인이 된다. 이러한 수칙들을 권할 때는 가족들이 항상 환자를 이해하고 도

우려 한다는 믿음을 줘야 한다. 또한 수칙들의 장단점을 충분히 숙지한 뒤, 지키도록 권하는 것이 좋다.

04
거식증 환자 가족의 역할

사람은 일정량의 식사를 해야 건강을 유지할 수 있다. 그러나 거식증 환자들은 식사를 거부해 영양부족과 그로 인한 2차적 질병으로 신체적, 정신적 건강을 잃고 만다. 극단적인 경우 사망에 이르기도 한다. 영국의 자넷 트레져 박사는 오랜 기간 거식증의 치료 및 연구에 몰두해왔다. 트레져 박사는 거식증 환자를 돕기 위해 가족들이 해야 할 일들을 다음의 몇 가지로 설명한다.

먼저, 환자가 문제를 인정하도록 도와야 한다. 이는 환자가 병에 대한 인식을 갖는 것이 중요하다는 것을 의미한다. 대부분의 거식증 등 식이장애 환자들은 자신에게는 전혀 문제가 없다고 주장하며 주위사람들의 도움을 거부한다. 그러다 신체적, 정신적 건강이 악화되고, 사회생활 등에 심각한 문제가 나타나야 비로소 자신의 병을 인정한다. 그러나 그때는 이미 늦은 경우가 많다. 따라서 자신에게 문제가 있다는 사실을 가능한 빨리 받아들이도록 하는 것이 거식증 환자의 치료에서 가장 중요한 부분이며, 동시에 가장 큰 어려움 중의 하나다.

▌ 식이장애가 있는 것은 아닌지 확인한다

일단, 식이장애가 있는 것은 아닌지 주의 깊게 살펴봐야 하는데, 아무리 가족이라도 식이장애를 눈치채지 못하는 경우가 많다. 다음의 몇 가지가 가족의 거식증 등 식이장애를 확인하는 데 도움이 될 것이다.

첫 번째는 갑자기 체중이 줄어드는 것이다. 이때는 크고 헐렁한 옷을 입어 몸매를 감추기도 하므로 유심히 살펴야 한다. 두 번째는 가족과 함께 식사하는 것을 회피하는 것이다. 이런저런 핑계를 대며 혼자 먹으려 하는 경우가 많다. 세 번째는 가족과 함께 식사하더라도 밥, 고기 등 탄수화물이나 지방류는 피하고, 채소나 과일만 먹으며 음식도 아주 작게 소분해 천천히 먹거나 음식을 자주 남기는 것이다. 네 번째는 전과 달리 행동이 분주해지는 것이다. 조깅이나 헬스클럽에서 보내는 시간이 지나치게 길어지는 등 운동에 할애하는 시간이 눈에 띄게 증가하는 경우다. 반대로 가족과 함께 보내는 시간이 급격히 줄어드는 경우에도 식이장애의 초기가 아닌지 확인이 필요하다. 다섯 번째는 갑자기 다량의 커피나 다이어트 청량음료를 마시는 경우다. 여섯 번째는 전보다 눈물이 많아지거나 짜증을 잘 내고 참을성이 없으며 감정의 기복이 심한 경우다. 일곱 번째는 전과 달리 고립된 모습을 보이는 것이다. 외출이 줄고 가족모임에도 끼지 않으려 한다.

▍ 유대감을 쌓고 조심스럽게 개입한다

이때 트레져 박사는 가족들이 조심스럽게 개입해야 한다고 조언한다. 확인 후에 환자들은 5단계로 병을 인식하고 변화를 보이게 된다.

첫 번째 단계는 무관심의 단계로, 자신의 식사행동에 아무런 문제가 없다고 믿는 단계다. 두 번째는 생각하는 단계로, 자신의 식사행동에 문제가 있다는 것을 인지하기 시작한다. 이때는 고쳐야 한다는 생각을 하기도 하지만 대부분은 행동으로 옮기지 못한다. 세 번째는 준비 단계로, 이는 개선과 도움을 원하지만 식습관을 고친 후의 자신에 대해 자신감을 갖지 못하는 단계다. 아직은 변화를 막는 요인들이 크게 느껴지기 때문이다. 네 번째는 실천 단계인데, 이는 식사습관을 바꾸려 노력하고, 노력하면 정상적인 식사습관을 가질 수 있다고 믿기 시작하는 단계다. 이때부터 가족들의 지지와 격려가 필요하다. 마지막 단계는 유지하는 단계로, 변화를 위한 진전이 계속되고 재발을 방지하기 위한 단계다.

물론 치료를 받으러 병원을 찾는 경우는 두 번째 단계인 생각 단계를 지나야 한다. 가족이나 보호자들은 환자가 어떤 단계에 있든 도움을 줘야 한다. 무관심 단계나 생각 단계와 같은 초기 단계에서도 가족들은 환자가 믿고 의지하며 고민을 이야기할 수 있는 대상이 돼야 한다.

▎ 환자와의 대화를 위해 철저히 준비한다

그러나 환자가 대화를 거부하는 단계일 때는 매우 치밀한 준비가 필요하다. 가족끼리 예행연습을 하거나 부모, 조부모, 삼촌, 고모, 이모 등 도움이 될 만한 가족이 적어도 둘 이상이 함께 이야기하는 것이 좋다. 특히 평소 유대관계가 좋았던 가족들이 나선다면 보다 효과적일 것이다.

대화를 나눌 때는 조용한 곳에서 충분한 시간을 가지고 나누되 가급적 논쟁은 삼가야 한다. 가족들이 어떤 문제 때문에 걱정하는지 차분한 태도로 자세히 설명하되 상대가 대답할 시간도 충분히 줘야 한다. 이때 환자에게 자신은 전혀 문제가 없다고 생각하는지, 가족들이 걱정하는 부분들에 대해 걱정스럽지 않은지, 주변의 친구나 선생님들에게 같은 이야기를 들어 본 적은 없는지 확인한다.

거식증 등 식이장애에 관한 책을 읽어 보도록 권하고, 책을 읽은 후에 다시 대화를 하는 것도 도움이 된다.

▎ 강하게 부인하는 행동을 이해한다

종종 환자들은 식이장애에 관한 이야기를 꺼내면 이를 숨기려 하거나 오히려 화를 내기도 한다. 이런 행동의 이면에는 자신을 보호하려는 마음과 수치심, 두려움 등이 깔려 있다. 환자가 두려움을 갖는 이유는 가족들이 식이장애를 가진 자신을 싫어하지 않을까, 가족들이 강제로 음식을 먹게 해 자신을 살찌게 하지 않을까 하는 걱정 때문이다. 따라서 불필요한 논쟁을 막으려면 상대의 이러한 마음을 이해하려는 태도가 필요하다.

때에 따라서는 환자가 자신의 문제를 부인하며 소리를 지르고 화를 낼 수도 있다는 것을 유념해야 한다. 이는 자신의 문제에 관여하지 말라는 뜻인데, 물론 환자는 자신의 인생을 선택할 권리가 있다. 하지만 거식증 등 식이장애가 있으면 판단력에 문제가 생길 수 있으므로 가족들이 적절히 도와야 하는 것이다. 강하게 부인하는 행동도 거식증 특징 중 하나라는 것을 인지해야 한다.

이는 다른 정신장애의 환자들도 마찬가지이므로, 다른 문제가 있는 가족들도 이런 태도를 보이는 것이 도움이 될 것이다.

▎ 환자 스스로 속마음을 털어놓을 수 있도록 유도한다

거식증은 본인뿐 아니라 가족에게도 영향을 미치므로 가족 모두가 해결해야 할 문제다. 환자 스스로 자신에 대해 이야기하도록 유도하는 것이 좋다. 예를 들어 건강에 대해 걱정은 없는지, 친구들과의 관계는 어떤지, 학교생활은 어떤지, 공부할 때 집중은 잘되는지 등 환자의 입장에서 생활에 불편한 점은 없는지 관심을 갖고 질문해야 한다. 그리고 질문에 답을 하기 시작하면 더욱 구체적인 이야기를 들어봐야 하는데, 이때는 가족들이 환자의 입장을 이해하려고 노력하고 있으며 환자의 이야기에 귀를 기울이고 있다는 것을 느끼게 해줘야 한다.

이때 환자가 한 말을 되물어보는 것도 좋은 방법이다. '네가 건강에 대해 걱정이 된다고 말했지, 나는 이런 것들이 이런 것들과 관련이 있다고 생각하는데 너는 어떠니?' 등으로 환자의 말을 되물으면서 자신의 의견을 이야기하거나 환자의 의견을 묻는 것이다.

그러면 가족들이 음식을 강권하는 것이 아니라 자신을 이해하려고 노력하고 있으며, 또 점차 이해하고 있다고 믿게 돼 태도도 한결 부드러워질 것이다. 물론 한두 번의 대화만으로 해결되는 것이 아니기 때문에 인내심을 갖고 여러 차례 시도해야 한다. 그러면서 환자가 회복될 수 있다는 믿음을 주고, 환자가 병을 인식하도록 질병에 관한 책자나 정보지를 건네주는 것도 도움이 된다고 한다.

05
치매 환자 가족의 역할

　얼마 전 뉴스에 치매 부인을 10년간 지극정성으로 간병한 한 남편의 이야기가 소개돼 감동을 준 적이 있다. 뉴스에 따르면 초기에는 술을 마시며 낙담하기도 했는데, 그동안 부인에게 잘 해주지 못한 것이 후회돼 부인을 정성껏 돌보게 되었다. 특히 부인에게 칭찬을 많이 해주었다고 한다. 발병 당시에는 치매가 어느 정도 진행된 상태였는데, 지난 10년간 남편이 늘 함께하면서 칭찬을 해주고 인지기능 향상을 위해 도와주자, 놀랍게도 더 이상 치매가 진행되지 않았다. 이런 경험을 토대로 남편은 치매 환자를 잘 돌보는 핵심은 칭찬이라고 말했다.

　이렇게 치매의 진행을 더디게 하는 것은 치매 환자의 치료에 있어 매우 중요하다. 현대 의학으로는 알츠하이머 치매 환자를 이전 상태로 되돌릴 수는 없다. 단지 약물치료 등으로 병의 진행을 더디게 하는 것이 최선이다. 그런데 10년 전과 거의 비슷한 수준이라니 얼마나 놀라운 결과인가?

최근 고령화 사회로 접어들면서 치매 발병율이 급속히 증가하고 있다. 이에 많은 가족들이 치매 환자를 돌보며 어려움을 겪고 있다. 치매 환자 보호자들의 30~50%에서 정신과적 질환이 동반될 뿐 아니라 스트레스 저항력 및 신체적 면역력이 저하돼 있다고 한다. 극단적인 경우 자살로 생을 마감하는 사례도 뉴스에 종종 보도된다. 이렇듯 치매는 환자뿐 아니라 보호자의 삶까지 파괴해 치매 환자 가족을 일컬어 '숨겨진 환자' 또는 '제2의 환자'라고 부르기도 한다.

따라서 환자 및 자신의 건강을 위해 치매 환자 가족들은 다음과 같은 태도를 지녀야 한다.

▌ 적극적인 치료는 환자와 가족 모두를 위한 것이다

치매는 완치가 불가능한 질환으로 알려져 있지만 그렇다고 치료가 무용지물인 것은 아니다. 약물치료는 치매의 진행을 늦출 수 있으며 특히 치매에 동반되는 행동장애나 기분증상에 효과적이다. 각종 비약물적인 치료의 효과도 보고되고 있다. 치매 노인과 보호자를 대상으로 안전을 위한 환경수정, 지남력 및 인식력 훈련, 자기관리 훈련, 목적 있는 활동을 제시하고 교육하면 일상생활에서 기능적 활동이 증가한다. 그 결과 보호자의 부담도 줄어든다. 따라서 적극적으로 치매를 관리하고 개입하는 것은 환자뿐 아니라 보호자에게도 도움이 된다.

▍환자의 상태를 받아들인다

환자가 예전과 다른 면을 보이는 것은 가족들을 일부러 골탕 먹이고 괴롭히려는 것이 아니다. 치매라 하면 대개 기억장애만 떠올리는 경우가 많은데, 그로 인한 불안, 초조 그리고 의심 등 기분이나 사고장애, 행동장애 증상들도 함께 나타난다는 것을 알아야 한다. 가령 물건을 어디에 두었는지 잊어버리고 가족 중 한 사람이 훔쳐갔다고 의심하고 화를 낼 수 있다.

그러면 가족들은 서운함을 느낀다. 이때는 환자도 괴로울 수 있다는 것을 이해하고 환자의 상태를 받아들여야 환자와 가족 모두 평정심을 유지할 수 있다.

▍치매에 대해서 많이 배우자

환자의 상태를 받아들이고 이해하는 동시에 환자의 질환을 많이 알아야 한다. 병을 잘 알아야 환자를 정확히 이해할 수 있을 것이다. 또한 요양병원 등에 입원시키더라도 치매에 관한 지식이 많아야 좋은 기관을 선택할 수 있다.

이는 가족들이 직접 돌보는 경우에도 마찬가지다. 최근에는 치매지원센터 등에서 체계적으로 치매에 대한 교육을 실시하고 있다. 정확한 교육을 받으면 환자를 대하는 데 더욱 자신감이 생길 것이다.

▌ 환자의 안전이 가장 중요하다

치매 환자는 여러 가지 건강상의 위험요소를 동반하고 있다. 내과적 질환이나 약물에 의한 섬망에 빠지는 경우도 많다. 그 외에도 판단력 저하와 우울감으로 자살 시도를 하는 경우가 있고, 낙상 등의 사고도 잦다.

예를 들어, 배회는 치매 보호자들을 힘들게 하는 증상 중 하나인데 알츠하이머 치매의 53%에서 발견된다. 이러한 배회는 인지기능장애 정도와 관계가 없기 때문에 치매 초기에도 나타날 수 있다는 점에 주의해야 한다.

그밖에 공격적인 행동, 초조 등도 치매 환자의 안전을 위협할 수 있는데 이를 간과해서 환자에게 안전상의 문제가 발생했을 경우 보호자들에게 더 큰 상처가 될 수 있다. 때로는 약을 복용했다는 사실을 잊고 또 복용하려고 고집을 피워 문제가 되는 경우도 있다. 이런 상황에서는 안전이 가장 우선이라는 원칙을 상기해야 한다.

▌ 죄책감을 갖지 말자

우리나라는 유교 문화의 영향으로 자녀들이나 배우자가 반드시 치매 환자를 돌봐야 한다는 인식을 갖고 있다. 그래서 요양병원이나 시설 등에 맡길 경우 죄책감을 갖는 경우가 많다. 하지만 오히려 전문적인 보살핌을 받으며 더욱 안정적으로 생활할 수 있다. 그러면 가족들의 규칙적인 방문만으로도 지지를 받고 있다는 느낌을 가질 수 있다.

또한, 가족들은 전문가가 아니므로 환자의 특성을 잘 몰라 돌보는 과정에서 실수나 시행착오를 겪게 된다. 이에 대해 죄책감을 갖는다면 부정적인 감정이 환자에게 전달돼 환자를 더욱 힘들게 할 수 있다. 치매는 일종의 질병이지 가족의 잘못으로 나타난 것도 아니고, 가족이 집에서 간병한다고 더 잘 낫는 병도 아니다.

▎주변에 주저하지 말고 도움을 청하자

치매 가족은 모든 것을 혼자 책임질 수 없으며, 그럴 필요도 없다. 치매 노인 한 명을 돌보는 데 1년에 수백만 원이 소요되는 등 경제적인 지출도 상당하다. 전문가와 상담을 통해 장기요양급여 등 비용을 절감할 수 있는 방법을 찾아보자. 이러한 정보에 어둡거나 남에게 알리기를 꺼려하는 가정은 주변의 도움을 받지 못해 고생을 배로 하는 경우가 많다.

주변 보건소나 치매지원센터를 찾아가 상담을 받고 지원을 받을 수 있는 방법을 알아보자. 다른 가족과 친구들에게도 본인이 할 수 있는 일과 할 수 없는 일은 무엇인지 솔직하게 털어놓는 것이 좋다. 여러 가족이 역할을 분담하는 것이 합리적이다.

▎아기를 돌보는 마음으로 섬세하게 보살핀다

아무리 환자 곁에 하루 종일 붙어 있어도 다른 질환의 징후를 깨닫지 못해 치료시기를 놓치는 경우가 종종 있다. 아기를 돌볼 때처럼 치매 환자 역시 쾌적한 환경에서 보살피고, 열이 나면 바로 병원을 내방해야 한다.

치매 환자들은 합병증이나 영양 불량 등으로 사망하는 경우가 많다. 늘 치매 환자의 신호에 귀를 기울여야 한다. 아기를 양육하는 것보다 훨씬 힘든 일이라는 사실도 잊지 말자.

▌보호자 자신도 돌보아야 한다

치매 환자를 돌보는 일은 단기전이 아니라 장기전이다. 긴 병에 효자 없다는 옛말이 있듯이 환자를 잘 돌보겠다는 의욕이 앞서 초반에 힘을 쏟으면 지치기 쉽다. 기존에 즐기던 취미생활이나 모임을 계속 유지하고 직접 참여하는 것이 어려울 때는 전화 통화라도 하면서 관계를 이어 나가는 것이 좋다. 아무리 사랑하는 사람이라도 하루 종일 함께 있으면 지치는 법이다. 나만의 시간을 갖는 것에 죄책감을 갖지 말고 자신을 돌보아야 한다.

또한, 허리나 어깨에 통증이 발생했을 때 이를 무심히 넘기면 안 된다. 건강에 이상 징후가 있을 경우 빨리 치료를 받아야 한다. 의지로만 긍정적인 생각과 환경을 만들 수 있는 것은 아니다. 스스로 긍정적인 환경을 만들기 위해 노력해야 한다.

치매 가족들이 겪는 고통은 이루 헤아릴 수 없다. 연구 결과에 따르면 치매 보호자는 다른 비교집단에 비해 스트레스 관련 증상이 3배 더 높다고 한다. 이렇게 거대한 스트레스 상황에 놓여 있는 가족은 자신들의 고통을 이해하고 이를 슬기롭게 극복하기 위해 노력해야 한다. 각종 기관에서도 치매 환자 가족을 위해 다음과 같은 다양한 프로그램을 운영하고 있으니 이를 잘 활용하도록 하자.

치매 환자 가족을 위한 프로그램들

▌ 교육 프로그램

치매의 증상 및 진행경과에 대한 설명, 치매 노인과 의사소통을 증진시킬 수 있는 방법, 부양에 따른 스트레스를 해소할 수 있는 방법, 치매 노인 환자들의 문제행동을 관리할 수 있는 방법 등을 교육한다. 대개 여러 명을 동시에 교육하고 1회에 한두 시간씩 전체 6~10주간에 걸쳐 실시된다. 이들 교육 프로그램은 부양자들에게 각종 지식을 제공해 자신감과 독립심을 증진시킨다.

▌ 자조 모임

이는 부양자들끼리 모여 환자 문제에 대해 이야기를 나누며 서로 정서적 지지를 얻기 위한 모임이다. 자조 모임에서는 치매에 대한 정보를 나누고, 부양에 따른 스트레스 해소 방법을 공유하며, 문제해결을 위한 역할 수행을 나누게 된다. 서로의 경험을 공유함으로써 치매에 대한 실질적인 지식을 쌓아 자신감을 증가시키고 우울감을 해소할 수 있다.

▌ 부양자 훈련

이는 부양자들에게 치매 환자의 제반 증상을 관리할 수 있는 방법을 가르쳐준다. 이로써 환자의 증상 개선은 물론 부양자의 부담을 경감시켜준다.

▌ 상담 프로그램

부양자들에게 전문가 상담을 제공하는 것이다. 그 외에도 유예가료(Respite Care, 가족휴가제)라고 해서 주간보호소나 간병인이 대신 보살펴주는 등 일시적으로 부양자의 부담을 대신해주는 프로그램이 있다.

최근에는 다양한 가족 프로그램을 병합한 프로그램들이 치매지원센터나 주간보호소, 가족지원센터 등을 통해 지원되고 있다. 가족 중에 치매 환자가 있다면 자신의 부양 부담을 돌아보고 이를 최소화하기 위해 주위의 프로그램들을 활용하도록 하자.

우리 가족
마인드 클리닉

초판 1쇄 2015년 11월 05일

지은이　｜오강섭
펴낸이　｜안대현
편집　　｜박영임
디자인　｜design **Vita** 김지선, 성지현

펴낸곳　｜도서출판 풀잎
출판등록｜제2-4858호
주소　　｜서울시 중구 필동로 8길 61-16
전화　　｜02-2274-5445~6
팩스　　｜02-2268-3773

ⓒ 오강섭, 2015

ISBN 979-11-85186-13-9 03180

이 도서의 국립중앙도서관 출판예정도서목록(CIP)은 서지정보유통지원시스템 홈페이지(http://seoji.nl.go.kr)와
국가자료공동목록시스템(http://www.nl.go.kr/kolisnet)에서 이용하실 수 있습니다.
(CIP제어번호: CIP2015028575)

* 책값은 뒤표지에 있습니다.　** 잘못된 책은 바꾸어드립니다.